公共图书馆管理
与数字文化服务研究

刘聚斌　徐　怡　李　静◎著

吉林文史出版社

图书在版编目（CIP）数据

公共图书馆管理与数字文化服务研究 / 刘聚斌，徐怡，李静著 . — 长春：吉林文史出版社，2023.1
ISBN 978-7-5472-9210-5

Ⅰ．①公… Ⅱ．①刘… ②徐… ③李… Ⅲ．①公共图书馆—图书馆管理—研究②数字图书馆—图书馆服务—研究 Ⅳ．① G258.2② G250.76

中国国家版本馆 CIP 数据核字（2023）第 014349 号

GONGGONG TUSHUGUAN GUANLI YU SHUZI WENHUA FUWU YANJIU

书　　名 公共图书馆管理与数字文化服务研究
著　　者 刘聚斌　徐　怡　李　静
责任编辑 陈　昊
出版发行 吉林文史出版社有限责任公司
地　　址 长春市福祉大路 5788 号
印　　刷 北京四海锦诚印刷技术有限公司
开　　本 787mm×1092mm　1/16
印　　张 13
字　　数 294 千字
版次印次 2023 年 1 月第 1 版　2023 年 1 月第 1 次印刷
定　　价 52.00 元
书　　号 ISBN 978-7-5472-9210-5

前　言

公共图书馆是社会公益性的文化教育机构，是国家科学文化发展水平的标志之一，是社会文明的窗口之一，体现着一个国家文化水平以及社会的文明程度。进入 21 世纪以来，在社会主义文化大发展大繁荣的背景下，全国各地公共图书馆新馆纷纷建立，图书馆的办馆条件大大改善。各地图书馆都开始意识到提升图书馆的管理能力，增强文化服务的效能，是保持公共图书馆全面、可持续化发展的前提，也是公共图书馆生存和发展的必要条件。

随着数字化时代的到来，公众对精神文化的需求越来越高，使得文化服务与建设渐渐与网络数字化相交融。而公共图书馆的基本职能就包括保存人类的文化资源。公共图书馆为了参与到数字文化服务当中，需要积极发挥其社会职能，将文化资源进行数字化传播、保护和利用，满足公众日益旺盛的文化需求。公共图书馆开展数字文化服务是传统文化实现创新性发展和转化的重要举措。公共图书馆数字文化服务是依靠信息技术对文化资源进行整合和创造，为公众提供多层次、多角度、多来源的文化服务。

基于此，笔者撰写《公共图书馆管理与数字文化服务研究》一书，本书首先以图书馆和公共图书馆发展、公共图书馆的特征与职能、公共图书馆与公共文化服务、公共图书馆的跨界合作为切入点，阐释公共图书馆管理的基本原理，基于知识管理、财务管理、危机管理和人力资源管理不同视角探讨公共图书馆管理的内容；其次通过分析公共图书馆数字文化建设及新技术应用，探索公共图书馆数字文化服务方式与改进建议、公共图书馆数字文化服务绩效评价。

本书理论观点新颖，论述深刻，紧扣时代脉搏，全书内容翔实、丰富，注重理论联系实际，具有较强的理论性、实践性和指导性，对推动公共图书馆管理与数字文化服务起到重要作用。

笔者在撰写本书的过程中，得到了许多专家学者的帮助和指导，在此表示诚挚的谢意。由于笔者水平有限，加之时间仓促，书中所涉及的内容难免有疏漏之处，希望各位读者多提宝贵意见，以便笔者进一步修改，使之更加完善。

目　录

第一章 公共图书馆的基础知识

第一节 图书馆和公共图书馆发展

一、图书馆的基础知识

近年来，随着互联网在全球的普及，人类社会的信息交流渠道不断增加，图书馆作为社会信息交流中心的地位被削弱。毋庸置疑，"人类社会与文明的进一步发展，是建立在对人类既有的科学技术、文化、经济等成果继承基础之上的，没有继承，就谈不上发展，而图书馆正是这样一种人类文明在时间和空间中得到传承的不可或缺的中介性机构[1]"。

（一）图书馆的起源

1. 图书馆的中西方起源比较分析

与语言、文字的起源相同，人们很难准确地说出图书馆的起源时间。不过，图书馆起源于史前时代结束之后，这主要因为文字记录的收藏开始于有历史记载的时期。我国最早的图书馆大约起源于公元前 2000 多年的商时期，《尚书·多士》记载"惟殷先人，有典有册"，这些典册就是最早的文献。与西方国家的图书馆相比，我国图书馆和西方的图书馆的起源除了时间上的不同之外，还存在一些相同之处和差异。

相同之处在于：第一，我国和西方图书馆都集中出现在自然环境优越的大河区域。四大文明古国中，古埃及、古巴比伦、古印度、中国是东方文明，古希腊、古罗马是西方文明，东方国家以古印度的印度河流域和我国的黄河流域为主。第二，图书馆收藏的文献材

料载体都来源于天然，如泥版、石片、树皮、兽皮、动物骨骼、竹简、陶片等。第三，以收藏为主，兼具图书馆和档案馆的双重功能。早期的图书馆主要以收藏为主，收藏内容多为统治者颁布的法令和具体言行以及医学典籍有关事宜的文献。第四，文献生产与收藏共同进行。早期的图书馆管理者担负着多种职能，很多时候他们既从事文献的撰写、抄写、传播、分发，又从事着文献的收藏、整理工作。

不同之处在于：第一，我国图书馆多是以官府为收藏主体建立的，私人、寺观、书院的收藏规模较小。西方国家是以寺庙收藏为主，然后才是政府和个人。商业图书馆更是早期西方国家特有的收藏机构。这主要源于我国重农轻商的政策抑制了商业图书馆的发展。第二，我国的图书馆长期处于封闭状态，仅供少数人查阅、使用。西方图书馆管理上较自由，可以利用的人群较多。第三，收藏文献类型不同。我国图书馆藏书内容单一，多以政令为主，对学术性文献的收藏不够重视。西方国家的图书馆收藏内容较丰富，倾向于学术性收藏。

中西方图书馆起源上的差异导致后期中西方图书馆的发展走向了不同的方向，直到近代社会制度改变、经济发展和科学进步才有所转变，达到趋同的效果。

2. 图书馆产生的原因分析

作为人类文明程度的标志，图书馆是随着人类文明的进程产生和发展起来的，它的出现和发展对人类信息的交流，甚至人类发展的历史进程都产生了重大的影响。从目前可以考察到的情况来看，图书馆产生的主要原因是文字的出现和文献资源的增加。文字是语言的书写符号系统，是记录语言的书写形式，其发展的最主要目的就是保存人类的信息。

在文字产生之前，人类信息的交流形式主要依靠语言和行为，包括动作、表情等，是一种信息直接交流的形式。但由于这种交流形式受时间和空间的限制，不利于间接交流的发展，人类开始寻求一种全新的交流方式，文字就这样开始出现在人类文明进化的过程中。文字是一种记录在一定载体上的信息，它克服了语言的缺点，使人类历史脱离了口传身授的阶段。人类得以用文字来记录历史，人类的思想、文化由于文字的出现而不会中断。同时，人类透过文字这种高效的信息传播工具，提高了文化、思想、艺术、技术等人类文明的传播速度和效率。

随着文字表达信息的复杂化，越来越多的事物被记载下来，形成了文献资料。为了能更好地整理、保存、利用这些资料，人类需要一个专门的场所来进行这些活动，最初的图书馆也就应运而生。所以说文献信息的收藏与文字的起源几乎同时产生，图书馆的产生始于有历史记载的时间。

（二）图书馆发展的基本条件

1. 社会条件

首先，社会生活的丰富使人类记录的文字信息大幅度增加，需要越来越多专业的、复杂的情报系统来收集、整理、保存和利用这些文献，这自然促进了图书馆或档案馆的发展。随着社会生活持续发展，各种公共性、专业性、学术性的图书馆普遍得到发展，图书馆成为人类文化生活的活动中心。

其次，人类社会开始重视自身文化教育培养，各种专业教育和培训机构大批涌现，这就需要能支持这种教育系统的信息储备场所。从早期的文化知识只掌握在少数人手里，到现在的知识普及，人类经历了漫长的历史时期，各种初级教育、高等教育事业蓬勃发展，导致相应的图书馆也快速发展。从19世纪下半叶开始，世界范围内的图书馆都进入了一个全新的发展阶段。图书馆由封闭的管理方式向开放式管理方式转变，越来越多的人走进图书馆，使图书馆的文献资源得到了充分的利用。

最后，科学技术的发展，也是图书馆快速发展的条件。科学技术的发展与图书馆的发展密切相关，二者相互促进，相互依托。每一次的科学技术发展都会促进图书馆的发展，如造纸技术的出现就使得原来刻于龟甲、兽皮、竹简上的文字得以在更便宜、更易携带和书写的材质上记录；印刷技术的出现使文献信息的传播速度加快，图书馆的储备规模大幅度增加；现代计算机的出现更使图书馆经历了有史以来最大的变革，为图书馆的发展提供了全新的发展模式。而图书馆的发展为人类提供了更多的信息储备用来发展科学技术，专业性、学术性图书馆的大量发展和存在就是证明。

2. 经济条件

首先，经济条件是图书馆存在和发展的物质基础。早期的图书馆都出现在经济条件相对优越的地区，如最早的图书馆就建在当时经济最发达的区域之一。即使是在现代社会，图书馆的存在和发展也与经济状况息息相关，发达国家的图书馆数量比发展中国家要多，其信息存储状况也更好，质量更高。

其次，经济条件的改善满足了人们对物质生活的需求，在物质生活满足的基础上人们寻求更高的精神满足。而图书馆的发展可以帮助人们满足精神需求，因此，人们投入更多的资金和精力去搜集和整理文献信息以便使用，这也使得图书馆得到快速发展。

最后，图书馆的发展与一个国家经济制度上的健全和繁荣有直接联系。一个良好的、发达的经济体系要依赖于复杂的记录存储系统对其经济轨迹进行记录，图书馆就是这样一个经济媒介，它既是商业记录的储存所，也是进一步发展未来技术和商务的研究设施。

3. 政治条件

图书馆的发展需要国家的支持和帮助。国家对图书馆的支持和帮助主要表现在两方面：一方面，在法律、政策上对图书馆予以支持、肯定；另一方面，在经济上对图书馆予以物质资助。图书馆从成立之初就离不开国家的支持和帮助。从文献资源的搜集、整理来看，需要耗费大量的人力和物力，缺乏国家的支持，图书馆就会失去发展的重要保证。

（三）图书馆的类型划分

1. 划分图书馆类型的作用

第一，有助于确定图书馆的工作目标。图书馆类型是社会分工日益向专门化方向发展，以满足不同人群的信息需求的产物。图书馆类型划分既是对自然形成的图书馆类型的肯定，又是对不同类型图书馆特点和发展规律的概括和总结。因此，正确划分图书馆的类型，对于一个图书馆的正确定位和实现长远发展目标，最大限度地满足用户的信息需求有着重要意义。因此，图书馆要想长远发展应该先确定目标，并为实现这一目标而采取一系列有效的措施。图书馆是为读者和用户服务的，满足他们的信息需求就是图书馆的根本目的，所以，图书馆工作目标的确定就是要明确图书馆的服务对象以及他们的需求。科学地划分图书馆的类型能解决这些问题，使具体的图书馆明确自己在整个图书馆系统或社会信息系统中的地位和分工。从这个角度出发，有必要对现有的图书馆类型重新审视，以明确不同类型图书馆的职能、组织结构和内容。最终明确图书馆分工，明确具体图书馆的任务，进而确定图书馆的发展目标。

第二，有助于加强图书馆之间的协作。工业革命以来，分工和专业化的确定不仅提高了劳动生产者的生产熟练程度，而且节约了生产资料和人力资源。更为重要的是，这种分工和专业化的确定还促进了科学技术的进步，提高了管理效率。从这个意义上讲，图书馆类型的划分也是整个图书馆系统的一种分工，这种分工不仅使图书馆工作变得更为专业化，而且起到了合理配置现有图书馆资源，提高图书馆服务能力和水平的作用。鉴于依靠单个图书馆自身力量很难满足读者和用户的所有信息需求，所以有必要有针对性地对图书馆进行类型划分，以针对不同需求的读者和用户群体发展图书馆的文献信息资源。对政府而言，如果要保持社会信息系统的完整、统一，满足全社会的文献信息资源需求，就必须根据科学的划分标准合理地划分图书馆类型，根据图书馆的划分情况来决定图书馆的分布和图书馆资源的协作和共享。图书馆类型划分实际上是要将有限的社会信息资源发挥出最大的效用水平。

第三，有助于突出图书馆的服务重点。进行图书馆的类型划分不仅是对已经形成的图书馆类型的简单整合，而是在于帮助不同类型的图书馆进行分工协作，以便通过类型划分使不同类型的图书馆各司其职、各负其责，并对特定的用户提供专业化的高质量服务。同时，不同类型的图书馆由于有着不同的特殊功能和服务对象，承担不同的任务，所以它们才共同组成文献信息资源系统。进行图书馆的类型划分就是要明确不同类型图书馆的不同特点和它们的发展规律，明确这些图书馆在社会信息系统中的位置，进而为其资源配置、目标规划和服务方向提供相应的理论依据，以充分发挥各类型图书馆的作用。

从以往图书馆的类型划分可以看出，原有图书馆类型划分仅仅是将现有的图书馆依据一定的标准分门别类地归入不同的系统，而在信息时代快速发展的今天，图书馆的类型划分应该着眼于对整个图书馆系统的整体规划和指导，以使之形成一个分工明确、互为补充、突出重点、优势互补的图书馆系统，从而涵盖和满足社会各个方面的信息需求。更有助于图书馆找准自己的正确位置，明确自己的职责和任务，并参照其他同类型图书馆的基本经验和规范来开展工作。因此，有必要对图书馆进行类型的划分以便使之能正确定位并制定正确的发展方向。

2. 划分图书馆类型的主要依据

确定划分图书馆类型的依据，需要弄清现在各种类型图书馆的基本状况，分析它们的相同之处和具体差异，然后根据这些情况确定划分的依据和标准。当然，从不同的角度出发，会有不同的结论影响图书馆类型划分依据，但仍然可以确定的是影响图书馆类型划分的主要因素，这些因素就可以成为划分图书馆的主要依据指标。

一是读者和用户的需求。读者和用户是接受图书馆服务和实际利用图书馆的人，图书馆就是针对这些特定用户群的信息需求来发展自己的信息资源体系的。其一切活动都是以此为中心，紧紧抓住用户的信息需求，以满足用户的信息需求为图书馆的根本目的。图书馆在以此为目的的运转中形成了自己的文献资源特色，进而影响到图书馆的组织结构和服务方向，形成了不同类型的图书馆。

二是图书馆的资金来源。由于图书馆是具有公益性的社会组织，其本身创造的经济效益并不能满足自身的需求，换言之，图书馆在经济上存在着一定的依附性，而每个图书馆的创建和发展都离不开资金的支持作为基础。所以，不同资金来源的图书馆也能成为划分图书馆的依据。

三是图书馆的文献信息资源体系。图书馆在自身的发展过程中也会逐渐形成自己保藏特色的文献信息资源体系。这些文献体系具有一定针对性，有些是针对不同专业领域，有些是针对不同的用户，有些是针对不同的文献载体，有些是针对不同的语言或民族。在这些因素影响下会出现自然科学图书馆、数字图书馆、复合型图书馆、民族图书馆等。因此，文献信息资源体系的特点也会影响图书馆类型的划分。

四是图书馆的管理体制。图书馆的管理体制其实指的就是在图书馆实际运转中由谁对图书馆进行整体控制，谁负责确定图书馆的服务对象、资金投入以及监督约束。如公立图书馆由政府进行管理，高校图书馆由其所在学校进行管理，有些图书馆则归研究所领导。这些不同的管理者构成的管理体制也是图书馆类型划分的依据。

（四）图书馆的构成要素

对于图书馆而言，构成要素就是形成图书馆的基本构件。主要涉及以下方面：

1. 图书馆的文献信息资源

文献一词最早见于《论语·八佾》，南宋朱熹《四书章句集注》认为"文，典籍也；献，贤也"。所以，这时候的文指典籍文章，献指的是古代先贤的见闻、言论以及他们所熟悉的各种礼仪和自己的经历。《虞夏书·益稷》也有相关的引证说明"文献"一词的原意是指典籍与宿贤。宋代马端临《文献通考》中将文与献作为叙事与论事的依据："文"是经、史、历代会要及百家传记之书；"献"是臣僚奏疏、诸儒之评论、名流之燕谈、稗官之记录。在他的影响之下，关于文献的认识，便只限于一般的文字记载，不能表达为文字记载的东西，则不能称之为文献。但目前人们所说的文献范围是指用文字、图形、符号、声频、视频等技术手段记录人类知识的一切载体，或理解为固化在一定物质载体上的知识。文献是记录、积累、传播和继承知识的最有效手段，是人类社会活动中获取情报的最基本、最主要的来源，也是交流传播情报的最基本手段。正因为如此，人们把文献作为图书馆赖以存在和开展工作的物质基础。

图书馆虽然是因图书而得名，而且传统的图书馆的馆藏文献信息资源也确实以藏书为主，但随着文献信息资源的发展，图书馆文献信息资源的存在形式也大不一样。当前，图书馆对文献信息资源的分类方式主要有以下方面：

（1）按文献载体类型或形式区分，可以将其分为印刷型、缩微型、机读型和声像型。为了有效地存贮、传播知识，人类先后发明了各种各样的物质材料来记录信息。古代人类的知识主要是记录在甲骨、泥版、兽皮、竹简等上面。从纸张和印刷术发明以来，人类的知识主要以纸张为载体，加以保存和传递。随着信息记录与存取技术的发展，文献载体形式呈现多样化，如音像磁带、缩微胶卷、光盘等，这些非纸型文献的出现使文献的范围进一步扩大，使文献的生产和传递更加迅速，使知识、信息的存储和利用更加便捷。其中，印刷型是文献的最基本方式，包括铅印、油印、胶印、石印等各种资料，优点是可直接、方便地阅读。缩微型是以感光材料为载体的文献，又可分为缩微胶卷和缩微平片，优点是体积小，便于保存、转移和传递，但阅读时须用阅读器。计算机阅读型是一种最新形式的载体，主要通过编码和程序设计，把文献变成符号和机器语言，输入计算机，存储在磁带或磁盘上，阅读时，再由计算机输出。它能存储大量情报，可按任何形式组织这些情报，并能以极快的速度从中取出所需的情报。近年来出现的电子图书即属于这种类型。声像型又称直感型或视听型，是以声音和图像形式记录在载体上的文献，如唱片、录音带、录像带、科技电影、幻灯片等。

（2）按不同出版形式及内容区分，可以将其分为图书、连续性出版物、特种文献。图书：凡篇幅达到 48 页以上并构成一个书目单元的文献称为图书。连续性出版物：包含期刊（其中含有核心期刊）、报纸、年度出版物。特种文献：专刊文献、标准文献、学位论文、科技报告、会议文献、政府出版物、档案资料、产品资料等。

（3）按文献内容、性质和加工情况可将文献区分为一次文献、二次文献、三次文献。一次文献指以作者本人的研究成果为依据而创作的原始文献，如期刊论文、研究报告、专利说明书、会议论文等。二次文献是对一次文献进行加工整理后产生的一类文献，如索引、文摘、题录等。三次文献是在一、二次文献的基础上，进行分析、研究、加工、浓缩而形成的文献，如综述、指南、百科全书等。

虽然文献信息资源可以根据不同的分类标准进行区分，但总的来讲，图书馆所拥有的文献信息资源所涵盖的知识和信息内容必须具有可反复使用性，即可以供有需求的人同时或先后、不分地域地反复使用、共享。而且不论其在传递过程中经过多少次的复制、转录、缩微、数字化等手段，仍要保持其原有的内容，从而开放地提供给读者，满足他们的需要。

2. 图书馆的工作人员

图书馆的工作人员一般被称作"馆员"，是向读者提供服务的工作人员，是图书馆构成要素中的核心组成部分。馆员主要包括行政管理人员、专业技术人员。其中，行政管理人员负责馆内的日常管理工作和后勤保障工作；专业技术人员包括采编、阅览、流通、信息咨询、技术服务等服务人员，负责直接接待读者，满足读者对信息的各种要求。

总体来讲，馆员的作用是在文献信息与读者需求之间搭建一座桥梁，起着一条纽带的作用。一方面，馆员根据自身对文献信息知识整合的专业技巧，向读者推荐文献信息资源；另一方面，根据读者对文献信息的需求和选择，将读者需求的信息呈现到读者面前，满足其需求。馆员和读者之间是相互依存、相互促进的，二者关系的好坏表明图书馆机制的运作效率和服务水平的高低。

目前，知识的普及性使自然学科和社会学科的发展日趋细致，同时却又向深度发展，其专业性越来越强。这本身就使得文献信息的提供面临压力。而网络信息的快速发展和普及又使读者本身获取各种文献信息的渠道在大幅度扩展，这些压力使得馆员的工作正面临着巨大的挑战。但是，这种状况并不表明读者已经产生了排斥馆员所提供服务的迹象，而是对馆员的业务水平、服务精神和职业道德修养提出了更高的要求。图书馆的工作人员比以往任何时候都更要具有主动性和创造性，只有这样参加到图书馆的运行中去，才能充分发挥馆员的作用。

3. 图书馆文献信息的存储设备

图书馆文献信息的存储设备也是图书馆构成要素之一。因为不管何种形式的文献信息形式都依赖于某种具体的设备进行存贮，如纸质图书的存贮需要馆舍，电子信息的存贮需要相应的电子存储设备。这些文献信息的存储设备是随着时代的前进而变化和发展的，如果运用得当，就能够促进图书馆各种功能的实现。

综上所述，各要素共同构成了图书馆这一整体，并且这些要素既相互依存又相互促进，使图书馆这个在信息时代快速发展，同时又面临挑战的社会机构的功能日益强大，以期满足不同层次的读者和用户对各种信息的需求，促进社会各领域的发展。

二、公共图书馆的产生与发展

公共图书馆是社会发展到一定阶段的产物，是社会民主、公民权利和社会平等现代人文意识成熟的结果。图书馆学界普遍认为公共图书馆产生于 19 世纪中叶的英国和美国，1850 年，英国图书馆法通过，这是世界第一部公共图书馆法。根据这部法律，1852 年，英国曼彻斯特公共图书馆成立，成为世界公共图书馆的开端。

美国从 19 世纪开始，各地逐步以法案的形式确立了公共图书馆制度。1852 年，美国第一个公共图书馆波士顿公共图书馆成立。之后，美国钢铁大王安德鲁·卡内基在美国各地捐建图书馆，进一步推动了美国公共图书馆的建设。

我国现代意义的公共图书馆出现于 20 世纪初的晚清时期。浙江绍兴人徐树兰 1904 年创办的古越藏书楼，以其明确的办馆宗旨、规范的管理与服务，具有半公共性质，很多资料将它视为我国公共图书馆的开端。同年，由张之洞创办的湖北图书馆在武汉成立，不久湖南图书馆、黑龙江图书馆等相继成立。1910 年，清学部颁布了《京师及各省图书馆通行章程》，确立了由公共经费支持、为公众提供服务的公共图书馆制度。

公共图书馆诞生后，出现了迅速发展的局面。英国在 1920 年以后，图书馆服务逐步从城市延伸到农村，二战后进入发展的黄金期，20 世纪 60 年代实现现代化服务，但是 20 世纪 80 年代开始，随着英国经济的衰退和保守党经济政策的变化，英国公共图书馆衰退，2010 年开始受金融危机和欧债危机的影响，出现了最严重的衰退，政府投入减少。美国的公共图书馆发展平稳，20 世纪 60 年代就形成了相对完备的公共图书馆服务体系。

辛亥革命后，中华民国政府重视民众教育，将建立公共图书馆提到议事日程，在教育部成立了社会教育司负责促进和监管公共图书馆建设，并于 1913 年在北京建立了京师通俗图书馆，各省建立了本省的通俗图书馆。到抗日战争前夕，公共图书馆在我国已经成为一种稳固的社会机构。

中华人民共和国成立后，公共图书馆事业开始恢复，国家出台了一些相关政策，20 世纪 80 年代，国家"六五"计划提出了县县有图书馆的目标，县级公共图书馆建设形成高潮；2006 年，"十一五"规划明确提出在我国建设覆盖全社会的比较完备的公共文化服务体系，提出构建现代公共文化服务体系；2017 年 11 月 4 日，第十二届全国人民代表大会常务委员会第三十次会议通过《中华人民共和国公共图书馆法》，并于 2018 年 1 月 1 日起施行，公共图书馆进入了前所未有的发展机遇期。

第二节　公共图书馆的特征与职能

一、公共图书馆的特征

公共图书馆具有三个明显的特征：公共、公益，平等包容和专业化。

（一）公共、公益

公共图书馆是一种社会制度的安排，这一制度规定由政府从公共税收中支付经费，图书馆则免费为当地居民服务。每个人都具有平等获取人类知识和信息的权利，而维护公共图书馆的公共供给是保障人人平等获取知识和信息的重要途径。从理论上说，公共图书馆的公共、公益性决定了它应该向社会成员免费开放和提供服务。目前，世界各国的公共图书馆几乎都同时提供免费服务和收费服务。免费的称为基本服务或核心服务，收费的称为非基本服务或增值服务。

（二）平等包容

公共图书馆向社会成员提供平等包容服务。"在一个国家或地区范围内，所谓平等包容的公共图书馆服务包括两层含义：①每个图书馆向其目标用户提供平等包容、无差别的服务；②整个公共图书馆服务体系向全体社会成员提供普遍均等的图书馆服务。"[1]公共图书馆向所有社会成员开放，要求公共图书馆普通公共服务空间（需要特殊保护的除外）要在承诺的开放时间内向一切个人开放，不设任何限制，也不管个人的阶层、种族、宗教信仰、经济能力、性别、年龄等如何。

（三）专业化

公共图书馆的专业化有四个表现：第一，运用图书馆学的理论、技术和方法，保障读者对所需知识和信息进行有效查询和获取；第二，聘用专业馆员开展智力型业务；第三，公共图书馆智力型业务工作需要专业知识的支撑；第四，依托整个图书馆职业和行业组织的支持，维持并不断提高自身的业务水平。这要求我们加强与其他图书馆的联系，并与行业组织建立联系。其中与行业组织的联系尤其重要，这些组织可以将不同类型的图书馆凝聚为一个整体，同时可以在提供交流平台、制定行业标准、支持人员培训、监督评估服务质量、制定和执行职业道德规范方面获得支持。

二、公共图书馆的职能

（一）传承发展人类文化职能

文字的出现对于人类而言具有跨时代的意义，而书籍作为记录文化的重要形式成为传承文明的重要载体。书籍可以详细地记录历史，也可以将那部分最真实的历史展示给世人，这种对于文化的延续是书籍最重要的功能之一。图书馆作为保存珍贵文献的重要区域，在文化留存方面发挥的作用是巨大的。当下，信息化飞速发展，科学技术也以前

---

[1]　于良芝，许晓霞，张广钦.公共图书馆基本原理 [M].北京：北京师范大学出版社，2012: 40.

所未有的速度迈进。珍贵的文献我们需要将其留存下来，然后通过现代化的技术手段来对其进行处理。

1. 传承与发展中华优秀传统文化

中华文明的发展历程绵延数千年，其内涵深厚。透过各种形式的中华文化，我们能够感受到它对于精神层面的高度追求。中华文化以其独特的内涵气质、悠远的内在品质、多样的外在形式奠定了中华民族最宝贵的品格，它悠远而又有气度，充满神韵，形成了中华民族最鲜明的品质特色，滋养了宝贵的华夏精神，为无数中华儿女的成长奠定了沃土。它是中华民族传承不息、血脉传承的根源，有助于推进全人类文明的共同发展。

优秀传统文化是文化铸造的"根基"，是华夏儿女宝贵的精神财富，是我们长期以来形成的最具中华品格的宝贵文化，是中华儿女以豪迈的姿态屹立于大国之上的豪情，形成了华夏民族宝贵的精神品质、内在涵养、崇高品德、正确观念以及思维方法，铸造了华夏儿女顽强不屈、英勇无畏、果敢大义的精神积淀，成为民族代代相传、久经磨难而更加优秀的时代见证。弘扬传统文化，能够让传统文化重新散发出其内在的生命力，也能涵养民族品格，形成整个民族的文化自信。这种自信是我们对于自己文化的一种高度认可。

但随着互联网、大数据、智慧化的深入、多元文化的交融，特别是在大数据时代背景下，不同文明、不同文化、不同思潮、不同观点在不同领域的渗透更加深刻，中华优秀传统文化的传承和发展受着极大考验，面临巨大挑战。图书馆作为收集、保存、传承、发展优秀传统文化的重要场所，有责任有义务传承好、发展好中华民族传统文化，留住中华文化的根，守住民族文化之魂，推动中华优秀传统文化走向世界舞台，服务各国人民。

国家图书馆为弘扬古籍中承载的民族精神，讲好国图典籍故事，传承中华优秀传统文化，联合国家图书馆出版社、上海远东出版社等单位策划、出版了《中国珍贵典籍史话丛书》《国学基本典籍丛刊》和《国家图书馆善本掌故丛书》。《中国珍贵典籍史话丛书》选择《国家珍贵古籍名录》中收录的蕴含着丰富历史故事的珍贵典籍，用通俗的语言讲述其在编纂、抄刻、流传、收藏过程中的故事，内容涵盖汉文古籍经、史、子、集各部。该项目规划了 100 种选题，目前已正式出版 18 种。《国学基本典籍丛刊》是国家图书馆出版社从 2016 年开始倾力打造的一套丛书，目前已出版发行 13 种。《国家图书馆善本掌故丛书》主要选取国家图书馆各类古籍中具有鲜明特色的，以书籍、作者、版本、流传故事为主要内容加以介绍，已出版 6 种共 8 册。这些丛书的出版对弘扬古籍中承载的民族精神起到了积极作用，具有很高的学术价值和社会价值，对提高公众的传统文化素养、传承中华优秀传统文化具有重大意义。

2. 继承与弘扬革命文化

革命文化是孕育于中国共产党人为中国人民谋幸福、为中华民族谋复兴的初心，在长期的革命斗争中创立并形成的，以马克思主义为指导、以革命精神为内核，反映中国革命现实、凝聚共产党人和革命群众独特思想和精神风貌的文化。它是社会主义建设和改革开放的伟大实践相结合的文化创造，是党和人民宝贵的精神财富。它继承了中华优秀传统文化的基因，汲取了中华优秀传统文化的营养，体现了共产党人的理想信念和崇高追求，彰显了共产党人的优秀品质，积淀着中国共产党人信念坚定、忠诚可靠、勇于担当、团结协作、甘于奉献、不畏艰辛、敢于胜利等高尚情操，是中国共产党和中国人民在革命、建设和改革开放各个历史时期形成的精神追求、精神品格和精神力量，具有革命性、民族性、大众性、时代性和创新性等特点。

公共图书馆是社会主义公共文化服务体系的重要组成部分，是人民群众学习成长的终身学校，必须坚持社会主义先进文化的前进方向，必须弘扬社会主义核心价值观、传播革命文化，必须弘扬主旋律、传递正能量。

3. 保存和传承地方文化

地方文化是一定区域内历史悠久、特色鲜明、民众崇尚，至今发挥作用甚至有较大影响力的文化。它不仅是中华优秀传统文化的组成部分，而且是中华民族的宝贵财富，更是各地社会经济文化发展的标志和品牌。

地方文献是地方文化的载体，是综合反映一个地区政治、经济、文化、历史、地理、风土人情、名胜古迹等重要内容的区域性文献。主要包括地方史料、地方人士著述和地方出版物三部分。地方史料包括当地党政机关、社会团体、学校、企事业单位编撰的反映本地历史、政治、经济、文化等方面的图书、图片、图册、报纸、期刊、音像制品，当地的史志史料包括地方志、部门志、企业志、人物志、风情志、风俗志、影像志、党史、校史、厂史、村史、事业史、大事记等，民间流传的谱录包括家谱、族谱、宗谱等，各种历史文献、古籍图书，当地民间流传的各类民俗景观图片、历史场景图片、金石拓片、书法、绘画作品、歌本、账本、地契，反映当地非物质文化遗产的文字、音像资料，等等。地方人士著述包括当地名人志士的资料（家史、传记、书稿、专著、书信等），当地籍或曾在当地任职、居住、工作的各个时代具有一定影响力的人士著述、日记、信函、传记、字画、回忆录、著作手稿、声像资料，等等。地方出版物包括当地各级各部门编印的统计资料、会议文集、文件汇编、年鉴、地图、名录等内部资料和内部出版物及其他有价值的文献资料。

地方文化是地方文献产生的源头，是地方文献产生的前提和基础；地方文献是记载地方文化的重要载体，是地方文化的重要组成部分。

公共图书馆作为收集、整理、保存文献信息并提供相关服务的法定单位，要充分发挥自己的职能优势和业务优势，切实做好地方文化的传承与发展。

（二）开发信息资源职能

网络背景下，信息资源的类型更加丰富，信息喷涌现象频频出现，整个信息世界呈现出无序的基本特征，人们要想从中捕捉有用的信息存在极大的困难。图书馆在对入馆的各种资源进行整理时，必须对其进行一定的开发与加工，打造来源明晰、整理有序的信息集合体，这样读者在阅读的时候才会有更大的便利。从资源开发的角度而言，图书馆的开发包括如下方面：①文献目录的制定、加工以及后期归类，方便对整体进行处理；②全方位检索馆外优质资源，建成专门的收纳库；③电子化、信息化处理，使馆藏文献的仓储更加便捷。

（三）开展社会教育职能

第一，思想教育。在进行馆藏的过程中，不同的国家会做出差异化指导，它们所遵循的原则也存在极大的差异。新的公共图书馆管理法明确要求，公共图书馆建设应当与时代的发展方向一致，要牢牢抓住人民的切身诉求，以正确的价值观为引领，将宝贵的中华传统文化传承下去，弘扬下去。这项规定的目的就在于引导读者形成对于世界的科学认知，确保自身的阅读需求和国家的建设方向基本一致。对于广大的图书管理人员而言，应该牢记服务人民的标杆，树立崇高的理念。

第二，文化教育。文化教育也是公共图书馆最基本的职能之一，良好的环境是保证学习与阅读效果的根基。阅读区是专门用来阅读的，娱乐区的设施就可以适当丰富一些。在这里，读者可以享受到馆内所提供的各种优质资源和服务功能。公共图书馆不是服务某个人的，它更多是为了满足不同群体的诉求，确保他们所享受到的资源都是高质量的、公平的，进而引导他们主动养成终身学习的好习惯。

第三，丰富文化生活。在人们的生活中，文化娱乐是不可或缺的重要模块。图书馆不仅能够让读者从中汲取知识的养分，同时还能让读者享受一定的文化娱乐服务。比如，人们可以在这里阅读来自世界各地的报刊，也可以观看各种电影，这些都是丰富文化生活的重要途径。

第三节　公共图书馆与公共文化服务

公共图书馆是构建公共文化服务体系中的重要环节，公共图书馆的工作体现着公民的文化权利，在公共文化服务体系建设中发挥着重要作用，是公共文化服务体系的有机组成部分。

第一，公共图书馆是公共文化服务的重要提供场所。公共图书馆是我国公共文化建设的重要力量，是政府完善其文化职能的一支重要力量，承担着完善社会文化体系的重任。此外，它还有一项重要的社会职能是保存人类的文化遗产。在整个公共文化服务体系中，公共图书馆应从弘扬社会主义先进文化和为全社会提供公共服务两方面做文章，争取成为我国公共文化服务建设的前沿阵地。公共图书馆要想吸引更多的读者，就必须具备一定的文化服务功能，如文化展示、文化交流、文化教育、文化休闲等。这样不仅可以使人们在知识层次方面得到提高，而且可以在思想品德、行为规范、人生态度方面得到改进，从而提高自身和全社会的文化品位和精神境界。公共图书馆具有公共性、社会性、服务性、学术性和教育性等社会属性，它的服务对象是社会大众。作为公益型的服务机构，公共图书馆要积极开展公益性文化活动，履行开展社会教育、开发智力资源、提供信息服务等职能，为读者提供文化知识保证。

第二，公共图书馆是公共文化服务的知识支持中心。在整个公共文化服务体系中，公共图书馆具有丰富的馆藏资源，在提供文化服务时具备得天独厚的优势。公共图书馆具有典藏功能，丰富而又多元化的馆藏，是公共图书馆为社会提供公共文化服务的物质基础，为图书馆提供公共文化服务提供信息保障。长期以来，公共图书馆保存了大量的文献资料，从古代典籍孤本到海量数字化信息，都是公共图书馆信息资源的重要组成部分。公共图书馆可以通过整理、开发和利用馆藏文献信息资源为社会经济、文化发展提供服务。如通过开展科研定题、项目信息咨询、科技查新等方式直接参与社会经济和文化建设，或通过提供信息查询、特色资源服务等方式间接为社会发展进步服务。公共图书馆要顺应时代的要求，从可持续发展的角度积极拓宽服务功能，如设立分馆，举办公益演讲、学术报告等形式，满足读者日益提高的文化需求，为我国公共文化服务体系提供知识支持。

第三，公共图书馆是公共文化服务的咨询指导中心。随着社会信息化的快速发展，信息咨询业得以快速发展，公共图书馆的资源优势和信息整合优势使公共图书馆在信息咨询方面大有可为。可以为政府部门提供决策参考咨询，为企业提供管理方法咨询，为特定读者提供专业性咨询，为科学研究提供国内外研究信息现状和跟踪服务。公共图书馆的服务性在公共服务体系中是不可缺少的，为公共服务体系的发展和建设提供指导作用，还可以根据自身的特点发挥咨询作用，为用户提供信息咨询服务。重点发展知识服务，在对用户所需信息搜寻组织加工的基础上，开展知识创新服务，以最大限度缩短文献信息与读者需求之间的差距，节约读者的时间和精力，使公众的知识更新速度和能力都得以提升。

第四，公共图书馆是公共文化服务的社会教育中心。公共图书馆拥有丰富的文化信息资源，又具有公共性的服务性质，因而是开展终身教育的理想场所。公共图书馆的社会教育职能与终身教育的理念是完全一致的。随着社会经济的持续发展，人民群众文化需求不断拓展和深化，公共图书馆为群众获取公共文化信息资源搭建了良好平台。图书馆作为重要的文化教育机构，是公共文化服务体系的中坚力量，在进行社会教育的过程中，为全民学习科学技术和文化知识提供了有力的支持，是对全民实行终身教育的大学校，其教育职能是任何学校都无法代替的。图书馆是知识的宝库，从社会教育的角度来说它是"没有围墙的大学"，在公共文化服务体系中，公共图书馆是支持终身教育的有效形式，其教育职能始终发挥着重要而独特的作用。

第五，公共图书馆是公共文化娱乐活动开展的中心。公共图书馆作为公共文化服务的场所，除了为社区民众提供图书文献和数据信息之外，还为社会公众提供一定的精神文化产品，以满足读者文化娱乐消遣需求。图书馆开展的音乐会、绘画欣赏等艺术休闲服务，学术报告等知识休闲服务，以及各种文体活动，能有效增强公共图书馆的亲和力，为促进公共图书馆的全面发展创造一个广泛的群众基础和社会环境。对于公众而言，公共图书馆提供的文化休闲活动，不仅增长了知识，更是一种很好的文化享受，具有启迪智慧、陶冶情操、放松心情的功能，形成正确的价值观和积极向上的人生观。公共图书馆加强休闲娱乐相关设施建设，将休闲娱乐纳入文化休闲的范畴，把图书馆建设成为传播和活跃社会大众文化生活的重要场所，通过自由舒适的阅读环境、文化娱乐消遣活动传播人文关怀和平等的理念，争取将具有本地区特色的文化活动以及文化活动的组织作为文化资源，吸引、汇聚到公共图书馆的公共文化服务中来，让公共图书馆真正成为公众文化活动的中心。

第四节　公共图书馆的跨界合作

"互联网＋"的时代背景给各行各业注入了新鲜血液，也给传统行业带来了前所未有的危机和挑战。跨界、融合已经成为各个行业自我生长、自我革新的常态。传统行业正在面临新时代下行业发展大洗牌的阶段。认清时代发展规律，主动寻找行业发展契机应对挑战，促进融合发展、合作共赢成为行业共识。公共图书馆作为给社会大众提供公共文化服务的重要场所，在时代的发展、技术的变革面前，更加需要自我突破的勇气。从固有的认知中跳出来，重新看待整个行业的发展方向，积极转变服务方式，更新服务理念。勇于打破传统行业的模式限制，凭借新技术、新方法、新手段突破行业内的发展瓶颈。

一、公共图书馆跨界合作的必要性

"跨界"是指从某一属性的事物，进入另一属性的运作。主体不变，事物属性归类变化。进入互联网经济时代，跨界更加明显、广泛。特别在跨界营销方面，各个独立的行业主体，不断融合、渗透，也创造出很多新型，发展劲势的经济元素。由此，我们可以看出跨界合作是双方甚至多方之间资源整合，实现效益最大化的一种共赢模式。

随着经济的发展和文化市场的繁荣，多样化的选择丰富了人们的精神文化生活，公共图书馆的行业优势已经不再明显。一个事物的新生和发展必然与不断的自我更新有关，创新是延续行业生命至关重要的手段。公共图书馆要想立足于网络大发展的时代背景，就必须与时俱进，整合行业资源，寻求跨界合作，利用先进的技术和资源、人才优势，创新文化服务方式，丰富文化服务内容，满足读者多样化需求。当下我国公共图书馆大多数以行政区域的划分进行建设，读者即使在一个行政区域内，也会因为距离因素而降低体验感，这就造成了公共图书馆的空间服务范围的局限性。而跨界合作就可以很好地弥补这一不足，把距离拉近，把图书和服务送到"家门口"，给更多的读者提供享受公共文化服务的机会。让图书"走出"图书馆，走向每一个需要它的地方，实现资源价值最大化。

二、公共图书馆跨界合作的路径

（一）公共图书馆与商业合作

商业的跨界是指公共图书馆与那些以营利为目的的场所，通过合作实现双赢的一种合作方式。例如，书店、咖啡店、商场等人流量大的公共场所。在繁华的商业街、人潮汹涌的地铁站、候机室等地方开辟出一个可以随时休憩阅读的空间，不仅能够提高人们的幸福指数，还增加了城市的人文气息。深圳青番茄文化传播有限公司创办的 Inlibrary 图书馆，是"图书馆与咖啡馆"的合作模式；江阴市图书馆与咖啡馆、茶楼、花店合作打造"三味书咖"；铜陵市图书馆成功实现了公益性图书馆与经营性书店的合作。通过这种多点覆盖的方式，把阅读推广推向更深一步的发展。

在公共图书馆与商业的合作中，找准合作共赢点，充分挖掘、利用资源优势是合作考察的重要标准之一。突出优势，资源共享，才能互利共赢。例如：近年来流行的"网红图书馆"，我们可以从中发现端倪，看到如今的流行趋势。相较于大部分公共图书馆中规中矩的装修和布置，别致的建筑特点和独特的装修风格会更加吸引年轻人。而商家大都是极具个人风格的装潢，把图书馆的文献资源放到商家提供的高质量的服务和高品质的空间中享受，会极大增加用户的体验感，提高舒适度和用户黏性。让年轻人主动从电子产品中解放出来，有更大的意愿阅读纸质图书，享受城市文化服务，实现"1+1＞2"的效果。

在提到公共图书馆与商业合作时，有一个特殊对象，那就是书店。在商业模式愈加新颖的时代下，书店也在积极创新。许多城市涌现了以"文创产品＋图书"为主体的书店经营模式，内设舒适、精致的沙发和极具现代年轻审美的装修风格，还有多种"网红"休闲玩具。这种集好看、好玩、有特色、注重体验感于一体的商业模式为书店的创新经营提供了有益借鉴。如果把书店这种新颖、潮流的服务体验和公共图书馆大量的读者群体相结合，把两种资源优势充分利用，会给读者带来全新的阅读体验。同时，也会扩大书店的客户群体，极大地提高书店的盈利收入，实现共赢。在公共图书馆与商业合作中，任何一切存在价值、空间的商家都可以是"图书馆＋"的延伸对象，只有不断地创新发展模式，才能勇立时代前沿。

（二）公共图书馆与机关，企、事业单位合作

公共图书馆在与机关，企、事业单位合作中，需要因地制宜，根据对方的性质来针对性地开展合作。

一是各级公共图书馆之间的合作。如今，很多市级公共图书馆跟区、县、高校图书馆合作，打破了馆际限制，实现"一卡通"通借通还。这直接扩大了公共图书馆的服务范围，方便群众就近借还书籍。

二是文化行业内部的合作。在文化行业之间相互渗透，资源共享的时代背景下，公共图书馆在履行自身职能之外也承担了其他公共文化服务机构的部分职能，如举办主题画展、进行电影展播、宣传文创产品等。与不同领域的文化组织合作，可以丰富公共图书馆的文化服务种类。在自身服务范畴的基础上，结合自身资源优势，与合作方资源置换，开展更多功能类文化服务。充分利用图书馆的公共空间、现有设备，加上对方的专业团队，给读者带来专业化、高质量的文化服务。

三是脱离公共图书馆空间本身的合作，即把服务"送出去"。例如：社区、学校、企业、监狱等特殊场所。这些有特定群体、特殊需求的场所是公共图书馆合作的特殊对象，需要制订个性化方案。"城市书房""百姓书房""学生书房"等的建立，就是很好的诠释。

在与机关，企、事业单位的合作中，公共图书馆提供纸质书籍和数字资源，把文化服务精准送到服务对象手中，提高了文献资源的利用率。

（三）公共图书馆与新媒体合作

目前，大多数公共图书馆都开通了官方微信公众号，利用微信公众平台实现书目检索、电子阅读、信息发布等功能。微信、微博一直走在图文时代的前沿，公共图书馆也很好地抓住了发展机遇，与其合作开展了很多读者服务。然而，时代的倾向已经从图文信息逐渐转向短视频。凭借形象生动的特点，短视频成为人民娱乐消遣的首选。那么公共图书馆怎么从短视频平台入手开展文化服务，成了图书馆人的新课题。

如果公共图书馆与短视频平台合作，在推介旅游资源的同时，配有阅读链接，推荐相关书籍及数字资源，打造"文化＋旅游"的宣传模式，建立"景区书房"云阅读，就可以帮助人们更好地了解当地文化，实现阅读资源的有效传播。绵延五千年的中华文化，有着深厚的文化底蕴，每个地方都有着自身的历史文化背景、独特的自然景观和人文风貌。通过这种"互联网＋"的方式，借助新兴的新媒体平台，调动人们的阅读兴趣，实现扩大读者群体的目的。这是在"共享模式"的影响下，图书馆行业积极探索未来发展模式的有益尝试；也是在文旅融合的时代背景下，公共图书馆发展的新契机。

三、公共图书馆跨界合作的思考

公共图书馆的跨界合作是在"互联网＋"的时代背景下谋求自身发展的有益尝试，新事物的产生必然要经过经验的累积才能逐渐成熟。在公共图书馆的跨界合作中，我们应该大胆尝试，慎重决定。

第一，要谨慎挑选合作对象。合作点选址、选什么性质的合作对象都极其重要。考虑受众目标，考察双方资源，从双赢的目标出发，科学制订合作方案，有利于稳固双方的长期合作关系。不能盲目合作，浪费资源。

第二，制定实施细则和管理办法。在跨界合作的过程中，肯定会面临许许多多的新问题。在合作前制定好规章制度，可以预判可能会出现的问题并给出解决方案，还可以统一管理相同类型的合作对象，提高工作效率，规范人员行为，提高服务品质。

第三，技术支持。无论是基础的借阅服务，还是多元化的线上读者服务，都依赖技术的革新，技术是跨界合作的重要因素。"互联网+"的跨领域合作需要新技术的支持，才能给"图书馆+"带来更多可能性。

第四，完善馆藏结构，充盈馆藏资源。公共图书馆在跨界合作中的优势就是拥有丰富的馆藏资源。在购买图书时，必须科学规划，制订合理的采购方案。根据馆内馆藏结构和合作对象的性质购买相应图书和数字资源。

第五，政策支持。各级政府和上级部门出台相关政策支持公共图书馆跨界合作，鼓励社会力量参与到公共文化服务的建设中，可以为公共图书馆的跨界合作提供立法保障。有利于充分调动资源，开展高质量的跨界合作。

第六，资金支持。公共图书馆的资金都是由上级部门支持，在跨界合作中，图书馆的馆藏需求量肯定会大幅提升，这就需要上级部门增加资金支持，才能给图书馆更多的选择去购买数字资源，增加图书入藏量。

第七，加强人才队伍建设。当代图书馆人需要紧跟时代发展，提高危机意识，转变服务理念，用互联网思维创新服务方式，不断提高自身的综合素质。人才是软实力，打造高质量的人才队伍有利于公共图书馆在时代发展的浪潮中处于优势地位。

纵观公共图书馆跨界合作的实践案例，政策的出台、技术的支持、资金的保障、配套设施的建设等都是影响公共图书馆跨界合作的重要因素。在公共图书馆与其他行业开展跨界合作中，仅凭一己之力是无法承担所有重任的。这需要合作双方，甚至多方一起努力，共谋发展，共同推进书香社会的建设。公共图书馆的跨界合作是引进社会力量、实现资源互补、推进全民阅读的重要举措，目前仍处于一个摸索成长的阶段。在未来，图书馆人要以创新、务实的工作态度，大胆尝试更多、更新领域的跨界合作，挖掘"图书馆+"更多的可能性，不断完善合作机制，拓展公共图书馆的公共服务空间，打造更高质量的跨界合作。

第二章 公共图书馆管理的理论阐释

第一节 管理与管理者认知

一、管理

（一）管理的界定

管理伴随人类社会的进步而出现，是劳动分工和社会化大生产的必然产物，并随着生产力和生产方式的发展而发展。

个体户经营一个小店，进货、销售、收款等全由一人承担，由于没有劳动分工，就不需要管理。随着小店的发展，出于扩大业务的目的而雇用职员时，劳动分工就结伴而来，因而这个小店也随之产生了管理的需求。

劳动分工可以提高工作的专业化程度，从而提高工作效率。系统地分析劳动分工及其经济效果的是亚当·斯密，他在18世纪就在生产针的工厂中发现：采用1名工人完成全部18道工序的方法与1名工人只需要完成全部工序中的几道甚至1道相比，前者的工作效率要低得多，因为后者的劳动分工使工人的工作更加专业化，从而能够提高工作的熟练程度。亚当·斯密认为劳动分工有三个好处："①分工可以使劳动者技术熟练程度很快地提高。②分工可以使某个人专门从事某种作业，可以缩短从一项工种转到另一项工种所耗费的时间。③分工可以使专门从事某项作业的劳动者经常改革劳动工具和发明机器。"[1]

---

[1] 赵志军，赵瀚清．中外管理思想史 [M]．长春：吉林人民出版社，2010：206．

公共图书馆的工作人员可以不知道这个故事，但只要从事过采编，那么一定知道在图书分编时，如果采编部门由每一名采编人员从头至尾完成全部采编加工过程，这肯定是一种低效率的做法，而且不同的员工对各道工序有着不同的悟性和兴趣，如果设定某个工种的一个指标，则有的员工可以轻松达到而有的员工并不能完成，但换一个工种则可能情况就会相反，因此，让合适的员工上合适的岗位可以进一步提高效率。现在来看，这是显而易见的道理，甚至不需要学过管理学。所以，通过科学的专业分工，可以提高员工的工作熟练程度，并使流程之间加强协调和配合，从而提高工作效率，这其实是一种自然而然产生的思想，而这就是产生管理的根源。

管理是在一定的环境条件下，对组织所拥有的资源（人力、物力和财力等各项资源）进行计划、组织、领导、控制和协调，以有效地实现组织目标的过程。许多学者也给管理下过定义，每个定义后面可能都伴随着一整套管理思想和理论，对于这些定义和理论，本书不做赘述。

从责任管理思想出发，组织内的每一个人都是管理者，当然，他同时又是被管理者，对于公共图书馆这样一个组织内的从业人员来说也不例外。因此，作为管理者的公共图书馆工作者需要拓宽管理思路，掌握管理理论，运用管理方法，形成管理智慧，展示管理技巧，实现管理目标；作为被管理者的公共图书馆工作者需要理解公共图书馆管理对于保障图书馆在贯彻公共图书馆理念、履行职责、发挥功能前提下的安全运行、正常开放、提供服务、降低成本、提高服务效益的重要意义。总之，公共图书馆的从业人员需要增强对图书馆管理的认同感和参与度，才能不断改善服务并提高服务效益。

（二）管理层次

管理层次是指组织在权威链上所设置的管理职位的级数。与其对应的概念是管理幅度，它是指管理者可以有效管理的范围。我们知道，在组织达到一定规模时，管理层次与管理幅度之间成反比关系。尽管管理层次与管理幅度的设定在每个组织因受到组织性质、管理者与被管理者素质、工作复杂程度、信息沟通方便程度等多种因素的影响，并没有固定的模式，但一般来说，管理层次越多，高层和一线管理者的沟通越慢，导致决策缺乏效率，组织的应变能力就会随之降低。

19 世纪末 20 世纪初，韦伯创立了官僚行政组织的理想模式，法约尔则发展出了行政管理理论，他们都提出在一个组织中需要建立权威等级体系，并遵循相应的原则。这些原则是现代管理的基石，至今仍然能够指导我们建立高效率的组织，而现在有些原则依然是被我们忽视或难以遵循的，如韦伯提出在组织中人们的职位应该根据其业绩表现而不是社会地位或个人关系来决定，法约尔的公平原则中要求组织中的所有成员都应该受到公正的待遇和尊重。

特别是在大型组织内部，往往会分成几个各自相对独立的权威链，不同的权威链中的中层和基层管理者之间的沟通、交流和协调变得非常重要，当组织一旦出现问题时，不同权威链的管理者之间需要沟通情况，交换意见，提出解决问题的方法，从而提高决策的速度和效率。法约尔是最早提出这个问题的管理专家，他提出组织的权力不应该集中于权威链的顶端，虽然这种做法有利于保证组织有效实施其战略，但弊端是显而易见的，如不利于中层和基层管理者发挥积极性，一线员工不能够及时对出现的问题做出反应，其结果是降低了组织的应变能力和决策效率。

为实现组织内部信息的迅速传递而使组织提高应变能力，法约尔专门设计了著名的"跳板原则"。"跳板原则"是允许组织内不同等级链中相同层次的人员在有关上级同意的情况下直接联系。限于当时的技术和条件，法约尔并没有提出控制管理层次的理论。

随着现代技术的普及和运用，扁平化管理逐渐成为可能。在信息化时代以前，一名管理者合适的管理幅度为 5 ～ 8 人，少则浪费，多则失控。而通过现代技术的运用，如通信技术、网络技术、远程监控等，管理幅度已经大为提升，根据笔者实际经验和观察，现在一名管理者的管理幅度可达到 15 人甚至更多。

二、管理者

（一）管理者的界定

管理者是指负责掌握、控制和调配组织资源的使用以实现组织目标的人。前面说过，从责任管理思想出发，组织内管理者同时也是被管理者。作为一名管理者，不论其领导的组织的大小、职位的高低，无非履行计划、组织、领导、控制和协调五种职能，但管理者如何履行、履行的优劣程度将决定所在组织的生存和发展。因为一个单位的发展，一定受制于这个单位领导的思维空间，可以想象，单位一把手绝不能为自己还不能理解的方案进行决策，更不用说正确决策了。

管理者的权力和权威是两个不同而又有联系的概念。管理者的权力来自管理者在组织中所处的等级位置，所处的等级位置越高，其权力也就越大，但权力大不等于权威高。管理者的权威实际上更多地来自管理者个人的品质（素质、个性、本领、名望等），管理者通过展示良好的品质影响着下属员工的观念和行动，只有具备良好品质的管理者才可能在组织内建立起权威。因此，管理者应该把权力当成责任和义务。

管理者为了履行好自己的职责，在各种场合需要以特定的身份出现，扮演不同的角色，有时还需要同时扮演几种角色。20 世纪 70 年代，亨利·明茨伯格（Henry Mintzberg）提出了管理者开展有效管理所需要扮演的三类十种角色[1]。

第一类是人际关系型。在这个类型中，有挂名首脑、领导者、联络人这样三种角色。这三种角色的具体表现有：个人形象代表组织形象，所以是组织的形象大使；激励下属并调动其积极性；对外联络以获取组织发展所需要的资源等。

第二类是信息型。在这个类型中，有倾听者、传播者、发言人这样三种角色。这三种角色的具体表现有：获取并分析信息，传播对组织有利的信息，发布组织的价值观等。

第三类是决策型。在这个类型中，有企业家、混乱应对者、资源分配者、谈判者这样四种角色。这四种角色的具体表现有：确定战略，处理突发事件，调配并优化组织资源，与组织内的相关人员和组织外的相关组织进行讨价还价并达成共识等。

我们以图书馆分馆建设的合作为例，简单分析一下在合作建设分馆时，馆长在整个过程中扮演了哪些角色。

首先，在决定采用合作方式建设分馆前，需要开展调查研究，确定战略和方案，这时，馆长所扮演的角色是"倾听者"——获取并分析信息、"企业家"——确定战略。

其次，合作建设分馆由于没有政府主导，无疑会给图书馆增加额外的工作量和负担，

---

[1] 加雷思·琼斯，珍妮弗·乔治著；李建伟，等译.当代管理学（2版）[M].北京：人民邮电出版社，2003：34.

需要对现有的资源进行调配，需要使馆内员工支持建设分馆的决策。这时，馆长所扮演的角色是"资源分配者"——调配并优化组织资源、"领导者"——激励下属并调动积极性。

再次，需要寻找可能有合作建设分馆意愿的合作伙伴，在这个过程中，馆长所扮演的角色是"挂名首脑"——组织的形象大使、"联络人"——对外联络以获取资源。

最后，与可能合作建设分馆的基层政府、机构负责人进行沟通，向他们宣传公共图书馆在构建和谐社会、提高社区居民科学文化素质等方面的重要作用，并洽谈合作的具体内容，因而扮演的角色是"传播者"——传播对公共图书馆有利的信息、"发言人"——宣传和发布公共图书馆的价值观、"谈判者"——讨价还价并达成合作建设分馆的共识。

（二）管理者的管理技巧

管理是创造性和智慧型的实践活动。即使是同一个组织、同一个项目要完成相同的目标，不同的管理者尽管面对着相同的管理客体和环境，仍很少会运用完全相同的理论和方法开展管理。由于主观条件不同（管理者个人的性格、经验、专业背景等），管理者对管理客体的认识和分析也会产生差异。另外，管理者对管理理论的熟知程度、理解深浅、运用能力等因素，都会影响管理实践活动，最终会影响组织目标的完成，或者影响完成的质量，或者影响成本的高低。任何管理思想和理论都是对管理实践（甚至是实验）的总结，互相之间不存在前后的替代关系，也没有过时之说。面对众多的管理理论、复杂的管理对象、多变的内外环境，管理者必须加强学习，并使已有的管理知识升华，从而具备对各种管理理论综合运用、对复杂环境分析应变的能力，这些能力的集合，就表现为管理者的管理智慧，管理智慧的外在表现就是管理技巧。具有较高管理智慧的管理者，可以比较容易通过管理活动完成组织目标，而且使管理过程赏心悦目。因而，管理也被认为是一门艺术。

管理技巧是管理者针对组织面对的环境和管理对象的实际，应用管理理论、管理方法、管理智慧实施管理所形成的结果的外在表现。如果管理过程顺畅、管理结果符合预期目标，其管理技巧就运用得当。然而，管理是一个过程，组织所处的环境也处于不断的变化之中。一方面，管理过程主要受到外部环境的影响，所以需要不断调整管理策略和实施方案；另一方面，管理过程本身也会造成组织环境发生变化，从而影响外部环境。尽管组织环境里很多的变化不取决于某一个组织，但还是有相当多的环境变化是组织内管理者行动的直接结果。组织是个开放的系统：从环境里摄取投入，然后将其转化成产品和服务，再输出到环境里去。这样一来，环境里发生的变化就是双向的过程。因此，管理的实施需要有周密的计划，管理者需要能够预见管理实施过程可能对管理对象、管理环境造成的变化，使管理实施方案能够适应这种变化，并且在实施过程中能够不断修正方案。而这种本领，也是管理技巧的重要方面。

管理者的管理技巧是一种管理理念、管理知识和管理实践的集中反映，在具体的管理实践中，有时表现为一种直觉，这种直觉其实是理念、学识、经验、教训、信息等的集合，是一种通过长期学习和训练而养成的综合判断能力。因此，培养和训练管理技巧的途径，主要是接受正规教育、培训、自我学习和经验积累，同时，公共图书馆的管理者还应该在以下这些方面下功夫：

1. 建立准则

所谓建立准则，就是建立和健全图书馆的规章制度，包括馆藏政策、服务政策等，使管理、服务等都有章可循。

2. 以身作则

所谓以身作则，就是管理者要成为执行制度的模范，而不能根据自己的意愿破坏规则。管理者必须首先弄清一个问题，即管理者是管理自己还是管理别人。当一名管理者在确定组织的管理目标时，就掌握了这个组织的主动权，因而这个组织的所有责任都应该由他来承担，所以管理者首先需要管理自己。管理者的言行，体现了管理者的品质，只有品行端正、处事公正，才能建立权威，影响下属。简单来说，你要下属遵守工作纪律，那么你必须带头遵守工作纪律。

3. 坚持原则

坚守公共图书馆的理念、社会道德和政策法规，开展服务、行使职权都必须符合理念、道德和法规的要求。特别是理念和道德，没有非常硬性的制约，管理者只有在平时坚守的前提下，才会养成思维习惯和行动习惯。如果管理者在潜意识中没有培养出这样的习惯，那么在处理事务中，就不可能会产生符合公共图书馆理念的直觉。

4. 重视规则

除了政策法令外，各个部门、各个单位、各个团队都会有自己的办事风格和习惯。在正式组织以外，还有许多非正式组织存在，例如，在一个单位中，某几个职工特别投缘，其行动会非常一致，这是正常的现象。霍桑实验的结论早就告诉我们，非正式组织中形成的规则（或默契），比奖金更能规范人的行为。因此，外出办事，需要事先了解办事机构的规则，这样可以少走弯路，提高办事效率。在公共图书馆内部，宣传和确立核心价值观，建立学习型团队、项目小组，引导非正式组织将兴趣转移到围绕图书馆服务创新、技术创新等方面来，就显得格外重要。

5. 多听少说

所谓多听少说有几层意思：一是在下属面前，管理者不能随便发表意见，而要学会倾听，便于了解事物的全貌，从而正确判断，一旦说出口的话，管理者必须兑现；二是在讨论问题时，管理者也不要抢先发表意见，你的意见，下属会认为是决定，而使讨论到此结束；三是处理问题（如读者投诉）时要多听少说，让别人先说完，把事情的来龙去脉搞清楚，而不要抢着做解释。

6. 换位思考

在管理中，需要多角度考虑问题，多站在管理对象的角度来思考问题，防止片面化。在与外部机构和单位沟通协调以及合作时，更需要按照合作共赢的原则考虑问题；要争取其他部门的支持，但不能让别人违反原则，而且在接受别人支持时，不能一味索取，而需要考虑对方的利益。图书馆只有做到以服务换取支持，这种支持才可能长久。

7. 灵活权变

泰罗在《科学管理》中早就论述了例外原则。管理者要有坚持制度原则前提下的实事求是态度，如果确有特殊原因，而且又不影响制度今后的严肃性，则有时需要变通。例如，上班不能迟到是制度，但如果在夜降大雪的前提下，早晨上班发生迟到的概率就会很大，那么在这种特殊原因面前，这一天的考勤就可以把迟到因素排除在外。

8. 诚实守信

诚实守信是做人的基本行为准则，对管理者而言，更应该言必信、行必果。管理者诚实守信，同时表现出对不讲诚信行为的失望、厌恶，对缺乏诚信者不予重用，就会改善组织和团队在诚信方面的风气，使管理简单而有效。而管理者如果失信于下属，就会降低下属对其的信任度，将难以实施有效的管理。

第二节　公共图书馆管理的内涵与意义

一、公共图书馆管理的内涵

公共图书馆管理是一项十分复杂的工作，它需要协调各方、做好规划、整体布局、有效控制，将人力、物力等多方面的资源合理配置，优化组合，使整体效能最优化，这样的建设布局才与公共图书馆建设的长远目标基本吻合，才符合未来的建设与发展布局。

通常，从具体的管理而言，可以将管理细化为基层管理、中间层管理与高级管理三个层次。管理主要是针对馆内书籍、基础设施、资金花费等几个方面而展开的。管理究竟涉及哪几个方面、涵盖怎样的范围与管理对象之间的联系十分紧密。具体包括整个馆内的部门体系、行业的建设整体布局等方面；此外，还包括馆内网络、分类网站等。我们之所以要开展公共图书馆的管理工作，根本原因就在于被管理对象能够与社会系统建设相互协调。从管理方式的角度而言，可以将其细化为法律、行政和经济几个类型。

从管理结构的角度来说，公共图书馆之间存在大小的差异，因此，要结合它们之间的规模来决定采取哪一级别的管理，可以是一级模式，也可以是多级模式。管理的质量究其根本还是能够充分体现出工作人员之间的协作效果。从具体的管理内容来看，最初公共图书馆的管理还相对比较保守；随着公共图书馆功能的不断完善，管理的开放性特征愈加凸显，公共图书馆的实用价值被高度彰显出来。资源的共享程度越来越高，现代化特色日益明显，管理过程中的速度、反应快慢等越来越被强调。

简单而言，公共图书馆管理主要是针对公共图书馆系统而展开的。我们如果对管理进行分类，可以从宏观和微观两方面来进行探析。前者是针对整个社会的公共图书馆事业而言的，后者则是针对个体化的公共图书馆管理来说的。

在判断一个图书馆的绩效究竟如何时，一个重要的参照标准就在于服务对象的需求是否得到了满足。对于公共图书馆而言，让读者获得满意是其最高的追求。公共图书馆无论在哪种环境条件下，都必须时刻关注读者的感受。所以，管理的最终目的也是为了追求更好的读者口碑，有效利用各种人力、物力、信息等资源，使其为公共图书馆的高效运作服务。

二、公共图书馆管理的意义体现

第一，公共图书馆管理是图书馆发展的需要。公共图书馆工作繁杂，内容众多，要想确保每一项工作都完成得井井有条需要我们付出不懈的努力。在这样的一个大系统之中，要合理安排每一个环节，确保物资供应的充足化，同时还需要合理安排人力资源，让所有的工作者在工作时都能够有条不紊，遵循一定的流程，适时调节，合理引导，科学规划，统筹安排，否则，我们很难确保每一项工作都顺利开展下去。社会的发展步伐日益加快，科学文化蒸蒸日上，公共图书馆建设在形式、内容、种类、范围方面也都不断深化拓展，用户之间也建立了更为紧密的联系。从中我们也能够深刻地认识到，公共图书馆不再是一个个独立的个体，它们之间彼此紧密相连，成为一个新的有机体。所以，就需要发挥管理的重要价值，使得不同图书馆之间、不同用户之间能够建立更为密切的关系。公共图书馆事业不可能依靠某一个图书馆单独完成，它需要集体的智慧与力量。要从全国的角度进行考虑，合理分配，优化布局，协调配合，推进发展，促进公共图书馆建设迈上新台阶，使公共图书馆管理效果逐步增强。只有这样，各类文献资源的价值才能被充分发挥出来，才能被高效利用起来。

第二，公共图书馆管理是信息服务和用户需求的需要。世界各国文献的数量在以前所未有的速度增长，科学技术发展也更加成熟，信息来源多样造成真伪难辨，这就导致公共图书馆在开展正常的工作时需要做出更大的努力：一是面对纷繁多样、来源各异、内容多元的文献信息时，一定要严格筛选流程，科学加工，严格管理；二是必须通过多元化方式，为用户定位他们所需要的信息。为了实现这一目标，公共图书馆需要科学安排各项工作，定期进行专业化培训，严格信息和数据调研流程，了解用户的真实诉求，这是公共图书馆建设过程中的一项重要责任。

第三，公共图书馆管理是图书馆现代化的基础。信息技术飞速发展带来了公共图书馆发展的新变化。当下，公共图书馆在现代化的进程中迈出了关键的一步，管理科学化、政策标准化、技术自动化、运用智能化等成为未来发展的新趋势。而现代公共图书馆依托于严密的电子设备来进行运作，因此，科学的管理是实现其价值充分彰显的先决条件。

第三节　公共图书馆管理的基本原理

一、人本原理

人本，一般的哲学含义是人的最根本属性，即人之所以为人的人性之根。管理上的人本原理，就是以人为本来进行管理，人本原理可表达为：人是有思想、有感情、有主动性、有创造力的一种复合体，管理者要达到组织目标，那么一切管理活动都必须以人及人的积极性、自立性、创造性为核心和动力来进行。管理的本质就是激励、引导人们去实现预定的目标。管理作为一种特殊的社会活动，它的各项工作都是由人去实现的。管理对象中的诸要素和管理过程中的诸环节，都是靠人去掌握和推动的。现代管理理论认为，人应当始终处于管理的中心地位并发挥主导作用。因此，应立足于人，把人看成管理的主要对象及图书馆最重要的资源，确立以人为本的指导思想，鼓励员工参与管理，运用各种激励手段做好人的工作，充分调动和发挥人的积极性和创造性，不断增强图书馆的活力。

（一）人本原理的思想

以人为本的管理思想就是通过做好人的工作以调动员工的积极性和创造性，实现图书馆的目标。做好人的工作，关键是抓好人的思想，而了解人的思想又是一项巨大而十分复杂的工作。对人的特性的理论研究，有助于了解人们的思想，也是做好人的工作的一项重要课题。国外一些学者关于人的特性，提出了四种有参考价值的假设，这四种基本假设是：个体差异；完整的人；行为有因（激励）；人的价值观（人的尊严）。

1. 个体差异

人在许多方面都有一定的共性，例如，由于失去亲朋好友而激动悲伤。但是世上的人又千差万别，各不相同，就目前的科学技术水平可知，个体之间有诸多方面的不同，犹如人们的指纹千差万别一样。

个体差异的思想渊源于哲学，人自出生以来就迥然各异，以后各自不同的生活经历使这种差异愈加明显。个体差异意味着，要做好人的工作，最大限度地激励他们，就必须区别对待他们；个体差异要求对待每一个图书馆员工能做到公正合理，决不可千篇一律。由于个体差异的存在，管理的哲理首先要着眼于区别对待员工。

2. 完整的人

任何组织都是由多种多样职能不同的职位组成的，这些职位需要知识、能力和特长各不相同的人去担任，也就是说这些职位只希望"雇用"一个人的头脑和技能，但实际上"雇用"到的却是一个完整的人，而不是某一个别功能。人的不同特性可以分别加以研究，但是归根到底，各个特性只是构成整体人的一个部分。人的技能同他的知识或背景分不开，业余生活不可能完全脱离工作，感性因素与生理因素分不开，人是作为一个完整的人而发挥作用的。

3. 行为有因（激励）

由心理学知识可知，人的正常行为都有其一定的原因。行为同人的需求有关，或者还同该行为将导致的后果有关。从需求的角度来说，人的行为是受他自己的需求激励，而不是受旁人认为他应该有的需求激励的。对于旁观者来说，一个人的需求也许是离奇且不现实的，但是对这个人来讲，这些需求却正处于统治地位。这一事实给管理者提供基本的激励途径：管理者可以向图书馆员工提示什么样的行为能够增加满足感，如果不按既定的方式办事，他的需要是不可能得到满足的。

4. 人的价值观（人的尊严）

价值观是一种道德观念而不是科学结论。这一概念认为，人不同于其他生产要素，人在宇宙万物中处于中心地位；人希望得到尊重和尊严，而且也应该如此；每项工作不论轻重，都代表着从事这项工作的人的独特志气与才能，由于图书馆的管理活动总是要涉及人，所以，道德观念就是用这样或那样的方式影响着每个人的行为。人不可能也不应该脱离自己的价值观而做出任何决策。

（二）人本原理的原则

1. 能级原则

管理意义上的能级表示的是个体的能力。这种能力的大小主要取决于人在先天素质基础上的后天习得，是专业知识、技能、个人的道德品质、价值观乃至气质、身体条件等因素的总和。更确切地说，人的能力是指个体能够对组织目标起作用的全部能力之和。

在管理系统中，各种管理的功能是不相同的。管理能级原则是指根据管理的功能把管理系统分成不同的能级，把相应的管理内容和管理者分配到相应的能级中去，建立管理的层次和秩序，建立各种标准和规范，形成严格的组织网络体系，使管理活动有效进行。现代图书馆管理的任务就是要建立合理的能级，实行合理而有序的图书馆优化管理。

（1）图书馆管理的能级必须按层次具有稳定的组织形态。一般情况下，稳定的组织形态呈三角形的管理结构。这种三角形，上面具有尖锐的锋芒，下面具有宽厚的基础。管理的这种三角结构通常分为四个层次：最高层是决策层（图书馆最高领导层），确定大政方针；第二层是图书馆管理层，是利用各种管理技术以实现上一层的决策；第三层是图书馆执行层，执行管理指令，直接调动和组织人、财、物等；最底层是操作层（图书馆各岗位的操作人员），负责完成各项具体任务。

（2）不同能级应具有不同的权力、职责、物质利益和精神荣誉。在管理中应该是有其能，在其位、谋其政、行其权、尽其责、取其值、获其荣、惩其误；动力与压力结合起来。

（3）各能级必须动态地适应调整。现代管理必须使相应才能的人处于相应能级的岗位上，这叫人尽其才，各尽所能。人的能力又是在不断发展、变化的，所以，必须使得个人按其能力变化，不断地在相对稳定的管理层级中横向迁移和纵向升降，动态地实现能级对应，发挥最佳的管理效能。

2. 动力原则

任何事物的运动都必须有动力，动力越大，运动越快。管理动力包含着两个相互联系的问题，即动力源和相应的动力机制。从心理学角度看，对组织内部的个人来说，管理的动力源是指从事管理活动中的人可能产生的种种需求，管理的动力机制是指一种确定的刺激、引发、导向、制约动力源的条件机制。合理、有效的动力机制，首先使得动力源被切实地刺激引发起来，同时又能诱导、限定人们朝着有利于实现组织目标的方向进行有序的、符合管理要求的定向行为活动，并且所有员工个体的这种行为活动系统结合，形成一股强大的力量，推动组织目标顺利实现。

一般来说，图书馆管理动力有三种相互联系的基本类型，从动力源的角度来说，有物质动力和精神动力；从动力机制的角度来说有信息动力。

（1）物质动力

物质动力是直接以图书馆员工物质性需求为源。辩证唯物主义认为：物质是第一性的，物质的存在决定人们的意识。物质动力是一种根本动力，是现代管理的有效杠杆。物质动力不仅是物质鼓励，更重要的是讲效益。效益是检查管理实践的标准，是现代管理的灵魂。图书馆的管理效益主要指社会效益和经济效益。

需要指出的是，物质动力尤其是物质刺激并不是万能的，运用不当就会产生副作用，因此还需要充分发挥另外两种动力的作用。

（2）精神动力

精神动力直接源于人类的精神性需要。当管理活动提供满足人们这种精神需求的条件与机制时，人们就会产生相应的动机并进入行为活动，形成精神动力。

我们通常所说的精神动力主要是指理想教育、事业心，包括日常的思想政治工作和精神鼓励等。精神动力是客观存在的。管理是人的活动，人在精神方面有需求，就会产生精神动力。精神动力不仅可以弥补物质动力的不足，而且本身就具有巨大的威力。

图书馆管理者要善于通过思想政治工作发掘出人们的精神动力，但不能把精神动力当作是唯一的动力，否则会挫伤人们的积极性。

（3）信息动力

从管理的角度看，信息作为一种动力有超越物质和精神的相对独立性。物质动力、精神动力能否被引发起来，并做定向的行为活动，取决于动力机制环境的现实形成并被明确认知，这就需要有关信息的提供和获得。我们把信息通过被获知而产生出个体、集体、社会的某种定向行为活动称为信息动力。

我们所说的能够产生动力的信息，有非常广泛的内容，如知识、情报资料、消息、数据甚至个人爱好、志趣、好奇心、口气、眼色，等等。在向图书馆员工提供引发其行为活动并导向其行为抉择的信息时，要注意如下几点：首先，信息量必须适度；其次，信息必须明确，不能有多重含义，更不能相互矛盾；最后，必须是符合图书馆组织目标、符合管理活动目的的信息。如果在运用信息动力时，不注意信息量适度和信息内容的准确性，就必然会造成判断失误和管理混乱。

二、动态原理

（一）系统的动态性表现

任何系统，无论是自然系统，还是社会系统，都是由物质组成的，所以，任何系统也都是运动变化和发展的。系统的运动过程总是与时间和空间的变化联系在一起的。也就是说，任何系统都会随时空的变化而变化，尽管有的系统变化的速度较快，有的系统较慢，但都是处在绝对的变化之中，这个特征是系统的动态性特征。系统的动态性特征具体表现在如下几方面：

第一，系统的要素随时间的变化而变化。如管理者随着年龄的增长，分析能力、判断能力、管理经验都在变化，或能力提高、经验丰富，或能力下降、循规蹈矩。在图书馆读者服务管理过程中，读者的流动变化更是如此。读者流动始终处于动态变化之中，即读者的结构在不同的时间点上完全不同。图书馆中的文献信息也有类似读者的流动特点，这种流动称为信息流。图书馆的人流、物流、信息流可称为图书馆三大流动体系，它们是系统的动态性特征在图书馆管理中的集中体现。

第二，系统的环境随时空的变化而变化，变化的环境又反作用于系统，对系统产生影响。按照系统理论，任何系统都处在一定的环境变化之中，系统在发展就必须适应环境的变化，因而，当环境随时空变化时，系统也必须随之变化。比如，图书馆系统总是要与它们所处的环境相适应的。一个图书馆必须服从于当时、当地的经济环境，必须服从于与之相对应的法规，也要按当地的文化特色收藏文献进行特色服务，适应当地的环境发展，否则图书馆将难以生存。

第三，系统中某个要素的变化会引起其他要素的同时变化，即连锁反应。这是因为，系统各要素之间的关系是相互联系、相互制约的动态的相关关系，任何系统向前发展的根本原因就在于系统内部诸要素的动态相关性。动态相关是系统向前发展的动因。在图书馆管理的实践过程中，图书馆管理系统内部诸要素是动态相关的，而且本系统与其他相关系统之间也存在相互作用、相互反馈的因果连锁关系。这是因为，其中一种因素的变化一定会影响本系统整体的发展，且这种连锁反应一般是复杂的、多向的、多变量的。如图书馆的经费问题，经费的变化会直接影响图书馆的人流、信息流甚至物流等。因此，管理者应自觉地考虑到这些相互作用。

（二）动态原理的实质

正因为系统具有动态性特征，所以，我们在对系统进行管理时必须注重系统的发展、变化以及系统内部诸要素之间的连锁关系，并在管理过程中不断进行反馈，在管理的各个环节尤其是关键环节留有余地，以确保管理目标的实现。这个原理就是管理的动态原理。

动态原理的实质就是由系统的动态性特征决定管理的灵活机动和留有余地，以使管理具有强有力的应变措施，保证目标的实现。动态原理既要求管理者采取动态的管理，又要求管理者讲求效率。因而，作为图书馆的领导或管理者，在坚持动态原理时应注意观察系统随时空的变化特征，同时采取相应的应变对策，以达到以较高的效率实现管理目标的目的。

管理者在观察管理对象系统的运动过程中应注意下面几点：

第一，注重时空的互换性。系统运动过程中，时间因素常常可以转化为空间因素，空间因素也可以转化为时间因素。比如，在图书馆的具体工作中，某一工作非常繁忙的人，总是感到时间不够用，这实际上是这个人的任务多了，活动的范围大了，即这时的"时间转化为空间"了。与这相反的是，如果某个岗位常常是无事可做，则这个岗位上的员工会觉得时间悠长，日子难以打发。这实际上是人的事情少，活动的范围小了，它的"空间转化成了时间"。

第二，注重时空的相对性。时间、空间是相互关联、相互依赖的，即时间不能离开空间而孤立存在，空间也不能脱离时间而存在。在一般条件下，时间加长，空间就会缩小；空间加大，时间就会缩短。如图书馆的时间性开放，若没有时间的限制，为满足读者的要求可以采用延长开放时间的方法为用户服务，但这种服务形式是等客上门，是被动的。若有时间限制，可以采用送书上门主动服务的方式等。

（三）动态原理的应用

在现代管理过程中运用动态原理，要求管理者必须不断地创新，以使管理系统和变化了的外部环境相适应。创新是引入新的管理理论、方法，引入新的管理机制、管理组织，从而提高管理系统的适应能力和潜在产出能力。

在现代管理过程中，运用动态原理，要求管理系统必须具有弹性，即要管理的各个环节留有余地，尤其是关键环节，必须留有余地，整个管理系统具有可塑性和应变力。管理系统的整体留有的余地叫整体弹性，其目的就是调节系统与环境之间的关系，以适应环境的变化；管理系统的各个环节或子系统留有的余地叫局部弹性，其目的是使管理系统的结构始终处于动态和协调之中，确保系统功能的实现。

在现代管理过程中，动态原理要求在管理实际过程中坚持反馈原则。反馈就是一个系统把信息输送出去，又将其作用结果的信息反送回来，并对信息的再输出到控制作用的过程。而反馈的特点就是根据过去的操作情况，去调整未来的行为。反馈是自然界的一种普遍现象。人们把这一原理用于管理，是为了能够根据已经发生的情况去调整未来的行动。例如，图书馆的每个决策的执行，每项计划的实施，其结果与预定的目标比较起来，一般来说，总是有差距的。于是，就有反馈。图书馆的管理系统根据反馈信息，经过分析后做出判断，最后采取措施，加以控制，力争达到预定的目标。

反馈有正反馈和负反馈之分。正反馈指的是，反馈信息系统的行为更加偏离系统的目标，当系统的输出信息增加时，系统的输入影响也增加，或当系统输出的信息减少时，使系统输入影响也减少，结果使系统趋向不稳定状态。负反馈指的是，当系统的输出信息增加时，使系统输入影响减少，或当系统的输入信息减少时，使系统输入影响增加。反馈信息使系统的行为对控制目标的偏离减少，使系统趋向稳定状态。当系统的稳定性被干扰而信号被破坏时，负反馈可以起到稳定的作用。

反馈的最终目的就是要求对客观变化做出正确的反应。在图书馆管理活动中，面临着不断变化的客观环境，要使管理有效，关键在于是否有灵敏、正确和有力的反馈。反馈的灵敏程度、正确程度和有力程度是衡量一个管理系统功能强弱的标志。在图书馆管理中建立反馈系统，其目的是要提高各部门的管理能力，使各项工作符合客观实际，满足读者的要求。根据当前图书馆的实际情况，首先应该做好以下工作：

第一，建立制度。包括会议制度、统计制度、财务制度、检查制度、考核制度、档案制度等。

第二，设立业务办公室或研究室。

第三，专家咨询。包括文献信息资源建设顾问委员会、图书情报工作委员会等。

第四，依靠读者。通过交谈、书面和实际参与图书馆工作等多种形式，加强同读者的联系，获取各种信息。

但是，现代管理越来越复杂，即使是天才的管理者也无法洞察一切，包揽一切，单凭自己个人掌握有限信息来构思一切政策、计划和措施，永远不够。因此，建立以电子技术为主要手段的现代反馈系统已成为现代管理的重要内容，也是图书馆管理发展的趋势。

三、系统原理

（一）系统的基础知识

1. 系统的含义

系统是指由若干个相互联系、相互作用的要素构成，在一定环境中具有特定功能的有机整体。它包括以下含义：

（1）系统要素。组成系统的各个部分称为要素，或称系统要素。任何系统皆由三种"基元"即物质、能量、信息按一定的结构与相互关系组成；系统与外部环境的关系就是一定的物质、能量、信息的交换关系。

（2）系统环境。系统环境是指影响系统功能和各种条件的总和。系统有封闭系统和开放系统之分，一般环境与之联系甚少，对研究问题可以忽略不计的系统称作封闭系统；环境与之保持某种重要联系的系统称作开放系统。系统有确定的世界，一般认为，封闭系统的世界是固定的、不可渗透的，开放系统的世界与环境之间是可渗透的。世界的作用有两个：一个是保持系统的相对独立性及内部流通循环过程；另一个是通过世界的渗透性，系统与环境维持确定的，有一定选择，定向的物质、能量、信息的输入输出关系，进而把系统纳入更大系统的运动中去。从绝对意义上讲，任何系统都是开放的，都与外界环境之间存在着物质、能量、信息相互"渗透"并构成更大系统的组成部分。

（3）系统的结构与功能。系统诸要素之间的内在联系称为结构；系统与外部环境之间的联系称为功能。要素、系统、环境三个环节，就是通过结构和功能两个中介的沟通，有机联系起来的。功能与结构之间有一定内在的辩证关系，一定的结构，决定了一定的功能；一定的功能，总是具有特定结构的系统的功能；同时，结构与功能又有相对独立性。

2. 系统的特征

明确系统的特征，是认识系统、研究系统、把握系统思路的关键。系统一般具有以下基本特征：

（1）整体性（全局性）。这是系统最重要的特征，是系统的基本性质。系统是由众多独立要素有机结合构成的一个整体，各要素的独立功能和彼此之间的有机联系必须统一和协调于系统的整体之中。任何要素都不能脱离整个系统而孤立地研究，要素间的联系和作用也不能脱离整体的协调去分析。因此，系统各要素的功能都必须服从和服务于整体功能的实现。可以看出系统整体性具体含义有三方面：第一，系统整体联系的统一性；第二，系统功能的非加和性，即系统整体功能不等于各局部功能之和；第三，构成系统的要素不一定很完善，但可以构成性能良好的整体。

（2）集合性。系统至少是由若干相互区别的要素所组成的，这些要素间必然存在着某种紧密的联系，形成系统结构并产生系统功能。因此，在对系统进行研究分析时，一定要明确它的构成。

（3）相关性。组成系统的各要素是相互联系而又相互作用的。如果某一要素发生了变化，则与之相关联的其他要素也应相应地改变和调整，才能保持系统整体的最优状态。

（4）目的性。人造系统都具有明确的整体目的。系统的目的决定了系统活动的整体方向，决定了系统结构、方式运动和功能的标准。无目的的人造系统是不存在的。

（5）环境适应性。环境适应性是指系统与外界的关系。任何系统都存在于一定的环境之中，环境是一种更高级更复杂的系统，在某些情况下能限制系统能力的发挥，因此，系统必然要与外界环境产生物质的、能量的、信息的交换，以适应环境的变化，求得生存与发展。能够与外界环境经常保持最适应状态的系统，是理想的、有活力的系统。

3. 系统思想

系统思想的出现彻底改变了世界科学技术的图景和人类的思维方式，使人类在向宏观世界和微观世界的进军中，逐步提示出客观事物的本质联系和内存规律。作为一种新的思维方法，系统思想与传统的思维方式相比有以下两个特点：

（1）注意事物的整体性（整体性观点）。整体性通常表述为"整体大于它的各部分总和"。它包括两方面的意思：第一，系统的性质与功能不同于它的组成要素的性质与功能；第二，作为系统中的组成要素与它们独立存在时有质的不同。不仅要把研究的对象作为一个整体来考虑，同时还要把研究过程作为一个整体来考虑，即时间的整体性问题。要考虑系统的整个生命周期，不能只顾眼前利益，忽视长远利益。

（2）强调系统的开放性与动态性。动态性观点是对系统的开放特征的反映和总结。动态是指状态与时间的相关性，即系统的状态是随时间而变化的，系统的正常运转有赖于对外开放，有赖于系统内部的物质、能量、信息的不断流动。系统论的动态性观点旨在通过提示系统状态同时间的关系，告诉人们要历史地、运动地、发展地考虑并对待对象系统。

（二）系统原理与现代管理辨析

1. 系统论对现代管理发展的贡献

系统理论作为一般世界观和方法论，充实和发展了当代哲学，并且对管理学乃至整个科学领域的发展都有直接而巨大的贡献。系统理论对现代管理的发展主要有三方面的贡献：

第一，系统理论为现代管理提供了一种全新的思维方式，推动了管理观念的更新。如把信息提高到与物质、能量同等重要的地位，把信息视作一项重要的战略资源，重视对系统机制的分析研究以发挥、增强系统的功能；在管理工作中增强了统筹兼顾、综合优化的意识以及反馈、控制等工作思路。

第二，系统理论为现代管理提供了科学的战略性分析方法，为现代管理提供了解决复杂问题的分析工具。系统理论的分析方法是从系统的整体性出发，始终着眼于系统与内部要素、系统与外部环境之间的相互联系和相互作用的关系，以期达到整体最优目的的一类思维方法和实用技术，如控制论、运筹学、模糊数学等是解决自然科学和工程技术问题的有力工具。

第三，系统理论促进了管理新模式的出现，如现代管理中广泛采用的 TQM（全面质量管理）、NBO（目标管理）等新模式的出现与系统理论的应用直接有关。

2. 现代管理的内涵解读

系统内诸要素的性质必然满足该系统存在的一切条件；现代管理的每一要素都不是孤立存在的，而是具有系统的整体性质。系统的整体目标规定着要素的根本性质及其存在和发展；同时，要素又随着管理系统的开放而同外界环境及其他系统发生着各种形式的传递和交换，表现为一种相互制约、相互促进的动态相关图景。

因此，现代管理强调运用系统理论，组织系统活动，从整体上把握系统运行规律，对管理各方面的问题，做系统的分析和综合，进行系统化，并在其运行的动态过程中，依其活动的状态和环境的变化，运用系统方法调节、控制系统的运行，以实现管理的最优目标，发挥其最大功能。这就是管理系统原理的基本含义。

（三）系统原理具体化的原则

系统原理的作用就在于从客观上认识和把握这些客观规律，保证管理的科学性，在图书馆的整个管理过程中，系统原理具体化为整分合原则和相对封闭原则。

1. 整分合原则

根据系统原理的整体性特征，现代管理活动必须把任何管理对象、问题视作是一个复杂的系统。首先，从总体上把握系统的环境，分析系统的整体性质、功能，确定总体目标；然后，围绕总体目标，从多方面进行合理的分解、分工，以构成系统的结构和体系；分解之后对各要素、环节、部分及其活动进行组织综合，协调管理，以实现总体目标。这就是现代管理的整分合原则。在图书馆系统中，图书馆的一切工作是按一定的渠道有序进行的，这种有序性决定了系统的各子系统处于不同位置，形成相对独立的不同层次。所以，图书馆管理者的责任，是要从整体要求出发，根据系统的有序性对图书馆系统进行科学分解，在分解的基础上制定出各子系统的工作规范。

2. 相对封闭原则

相对封闭原则是指在任何一个系统内其管理手段和管理职能必须构成一个连续封闭的回路，这样才能形成有效的管理活动，即管理的自主、自律性。现代管理活动的对象，一方面是由独立性很强的各个部分构成的完整单位，各部分之间有着内在联系和相互制约关系；另一方面又和外界环境有着广泛、经常性的物质、能量、信息的交换关系。这样就系统的运动看，相应地具有内部封闭性和对外开放性。

封闭原理要求管理手段的封闭，首先是对管理机构实施封闭。一个完善的图书馆管理机构的封闭回路，必须具有三种不同职能的机构，即执行机构、监督机构和反馈机构。执行机构负责将决策中心的指令准确无误地传达给接受单位，并不断地指挥执行单位依照决策中以后指令完成工作任务；监督机构负责对指令在执行过程中的全面监督；反馈机构负责为决策中心获取执行情况的反应。这种封闭式的管理机构，可以大大增强指令落实的准确程度，同时又可以及时修改原始指令，提高可靠程度，从而提高管理工作的质量，实现管理工作的高效能。

对图书馆管理法实施封闭，就是指图书馆要建立完整的管理工作制度，既要有一个全面贯彻执行的制度，又要有对执行的监督制度，还必须有反馈制度，构成一个封闭的法网。例如，图书馆建立岗位责任制是一个管理法，但如果不对执行情况实行监督，赏罚不明，是非不分，就是管理系统不封闭，规章制度就成了形式的装饰品。

决策对管理人员实施封闭，就是把担负管理工作的人员按照恰当的比例分成执行、监督和反馈三类管理人才，将他们正确配置在管理岗位上，并对他们进行专业训练和业务培养，以便充分发挥他们的作用。在一般情况下，执行者、监督者和反馈者不应当同是一个人，也不应该两种职能由同一人承担。如果监督、反馈由同一人担任，这样就谈不上人员封闭，封闭原理也只是形式而已。

目前，从图书馆管理系统的结构来看是不封闭的，其结果有三：一是执行者自己反馈，由于同自己的切身利害有关，容易看领导的眼色行事，又易姑息自谅，报喜不报忧，反馈信息假象多。二是执行者对自己实行监督，监督职能发挥不出来，甚至会出现纵容、包庇的现象。三是三种职能系于一人，实际上就只剩下了执行这一功能。执行者忙于日常事务，无暇顾及深入调查和分析评价，反馈信息必然是片面的、表面的。

所以，对管理人员实施封闭，在图书馆管理中十分重要。不然，互相矛盾的现象就会在一条执行线上来回振荡，不负责任的工作作风也会在一条执行线上反复出现，其结果必然会使管理工作内耗丛生，相互扯皮，还有什么管理功能可谈？

图书馆有效的管理要求动态地不断进行封闭。管理的封闭，从空间上讲是相对的，因为管理对象是一个开放系统，它受环境影响，同时也影响环境；从时间上讲是发展的，因为管理本身就具有动态性，一成不变的封闭是没有的，有效的管理要求不断用新的封闭来取代旧的封闭以适应环境，提高系统功效。

第四节　公共图书馆管理的常见模式

公共图书馆是人们获取信息和知识的场所，不仅可以促进人们知识文化的建设，还推动着社会经济的发展。因此，要在加快公共图书馆建设的基础上，不断创新管理模式，履行好服务广大读者的职责，这对于我国经济与文化的建设意义重大。

一、公共图书馆的积分制管理模式

在许多行业当中都早已运用了积分制工作原则。简单来说，读者积分制即只要进行一定时长的阅读，读者就会获得相应的积分，根据积分的多少，用户被分成了不同的等级。用户要想获得更高的积分，可以回答更多的问题，使自己的积分累积得更多。达到一定的分数等级后，读者就会有另一种身份。不过，积分也并不一定是一直上升的，在违反一些规定后，积分会被相应地扣除，如果积分一直被扣除，用户等级也就会一直下降。总体来说，积分的使用正是为了使更多用户能够参与到活动当中，尽可能使他们的违规行为减少。

在操作积分制时，我们一般遵循以下原则：①彰显公平，每一项规则都应该被平等地运用到每一个用户的身上；②遵循动态原则，用户等级不是完全固定的，用户可以按照身份升级规则进行升级；③监督违规行为。

不少领域现在都大力推广积分制。对于公共图书馆而言，可以从其他行业的优秀实践当中借鉴经验，然后与自身的行业发展相结合，实现对于读者的高质量管理，将"人"的价值充分彰显出来，真正让公共图书馆成为一个充满智慧、充满责任、充满信用、学习至上的快乐场所。

二、公共图书馆"藏、借、阅、咨"一体化管理模式

"藏、借、阅、咨"是一个整体的过程，这一服务机制综合了资料的多个服务流程，因此，我们能够从中真正看出"以人为本"的思维理念。这一转变与之前相比是一次巨大的变革，也是一种对管理模式的巨大变革，突出了实用性的价值。它使得读者的阅读更为便捷，也使书籍的使用率大大提升，图书馆也因此更加强调读者的作用与价值。此外，一些问题也需要我们后续持续深化探究，尽可能使每一个环节之间的联系更为紧密，逐步完善软硬件设施。从当下来看，一体化管理应该从以下方面着手应对：

（一）具有配套的图书馆建筑环境

"藏、借、阅、咨"是一个整体的步骤与流程，为了更好地实现这一目标，公共图书馆在建设的过程中就应该做到开间大、格局大，这样才能从基础设施上实现基本的满足。同时，"藏、借、阅、咨"还需要做到优化格局，在整体构造方面尽可能做到充分开放。"藏、借、阅、咨"要想更好地合为一体，首先要保证相同类型的资料放置在一块，不能过于分散，要确保服务质量。读者可以在这一模块内选择自己所需要的书籍，随意地进行复印或者是浏览。公共图书馆之所以这样做，其目的在于让读者能够在图书馆享受到更加便捷化的服务，彰显出公共图书馆的人文性。当下，不少公共图书馆其实在设计的过程中都对国外的图书馆设计进行了借鉴，遵循了相对规范的模数式理念，这种设计的优势就在于其空间范围较大，便于加大负载能力，通过巧妙地利用一些现代化技术，能够使布局更加合理，构成完整的空间格局。从"藏、借、阅、咨"一体化建设的角度来看，它实现了对于整体空间的有效利用，同时，在后续的管理过程中也能够更加自由，能够使服务更加高质量和高水平。

"藏、借、阅、咨"依托现代化的技术来开展，因此，其最终的实施效果如何与先进技术的使用之间有着极为紧密的联系。当前，计算机系统的智能化水平越来越高，它在运

行的过程中所发挥的安全保障作用也日益突出。众所周知，越是智能化、电子化的设备，其服务的功能也就更为多样和完善，这就使得互联网背景下，读者能够获得的阅读体验更佳。为了有效确保文献资料的安全，公共图书馆还需要启动检测设备和门禁装置，这是保证一体化顺利开展的根基。除此之外，馆内还要装置有各种各样的检测终端，其目的就在于帮助读者能够在最短的时间内获得所需资料的信息，帮助他们对需要的书籍进行预约。同时，利用多媒体设备，读者还可以一边观看视听资料，一边对照纸质书籍，可谓一举两得，十分便利。

当下，"模数式"在我国公共图书馆建筑方面的应用是极为广泛的，未来其应用范围将会继续扩大。它在实现了灵活变化的同时也具有较强的设计感，空间组合更为自由。这种设计的思维使得"藏、借、阅、咨"在未来有了更加广阔的发展空间，也方便进行更加高质量的管理。

（二）借助现代技术条件为支撑

"藏、借、阅、咨"的顺利开展需要借助于一定的支撑，而现代技术就是其中不可或缺的重要环节，尤其是在当下高度发达的计算机技术的支撑下，其安全性有了更高的保障。只有在自动化系统足够完善，功能足够多样的基础上，读者能够享受到的服务才更加优质。上文已经提到，有效的监测能够使图书馆内的文献资料被有效保护，建立在其基础上的后续功能才会日益健全。当下，无论是哪一个领域之内，以多媒体为代表的现代技术都以其与时代联系的紧密性而备受欢迎，公共图书馆自身的特征决定了它必须借助于现代化的技术来拓展功能、推进转型，这是时代发展对公共图书馆建设所提出的新诉求。

（三）有相对完善的规章制度与高素质的管理队伍

"藏、借、阅、咨"具有其自身的多重优势，它不仅极度自由，还具有较强的包容性。大开间的格局使得读者能够在查阅时更为便利，体验感更好。不过，其中所存在的一些问题也不容忽视。比如会对公共图书造成比较大的破坏、在管理时极为不利等，为了有效解决公共图书馆管理过程中所存在的这些问题，需要有基本的规章兜底。同时，还要将这些规则细分为管理规则、守纪规则、业务规则、浏览规则、借阅规则、赔偿规则以及相关处理规则等。

对于公共图书馆而言，不仅要在制度方面下功夫，更应该重视继续教育，提升管理者的自我能力和水平。一些管理者的思维很难跟得上时代的步伐，他们的思维过于固化，与时代存在一定的脱节现象。为了使他们更好地顺应"藏、借、阅、咨"行业发展趋势，发挥好管理与服务的职能，需要通过继续教育帮助他们提升专业素养。

三、公共图书馆联盟服务管理模式

不管是哪一个公共图书馆，它所占据的文献资源都不可能与读者诉求完全吻合，其中，有一部分资源必然要通过共享的方式来获得。未来，图书馆行业内发展的一个大趋势便是多个图书馆联合共赢，互惠互利，逐步打造成一个强有力的联盟。不管该图书馆属于哪一种类型，侧重于哪一个方面，它都需要参与到这个大的联盟体当中去，因为其力量是单个图书馆所无可比拟的。科技的发展蒸蒸日上，互联网发展突飞猛进，伴随着这些技术而诞生的崭新图书馆联盟体必将占据行业发展的制高点，成为未来的中流砥柱。

具体而言，联盟服务模式可以细化为以下方面：

1. 馆际互借与文献传递

馆与馆之间的联系可以通过多种渠道来进行，用户可以自主完成，图书馆服务当中也包含这项服务。自助借阅需要一定的凭证，读者可以出示自己的证件，然后依照流程进行登记之后便可进行借阅；图书馆代为借阅主要针对的是在本图书馆内对需要的资料进行登记并委托图书馆代借的那部分读者而言的。文献传递就是按照读者所反馈的数据资料，借助于传真、文本输送等方式将文献有效输送出去。

2. 统一检索

除了上述功能外，这种联盟还使异库之间的资源能够被放置在同一个平台之上，读者只要输入自己需要检索的内容，多个电子库中的资源就会分门别类地呈现出来。其中，还包括各种期刊、电子读物等。读者可以按照提示，结合自己的需求进行下载。

3. 参考咨询

在联盟的后台中特别开设了一个问答模块，那就是业内专家针对相关的知识进行专业解答。一般只要问题提出的 24 小时之内，专家都可以给出答复。如果专家在线的情况下，还可以进行在线交流。这种实时咨询能够使读者的问题得到有效解答，十分高效。

4. 定题服务与代查代检

这项内容专门针对特定用户而设计。由于部分用户对于信息的专业化要求较高，检索时存在一些困难，这就需要发挥这一服务的功能。代查代检指的是结合读者所提出的需求，按照他们给定的一些课题语词或者是一些关键性语句来进行检索。检索包括从立项至最终验收整个流程。

5. 科技查新

这是专门针对计算机检索的一种现代化方式。通过大数据分析，结合读者所选择的课题，为他们提供各种信息咨询，这会极大地减少他们的工作量，有效节约时间。

6. 网上培训

网上培训也是联盟服务当中的重要项目。培训不是只针对馆员的，它还针对用户展开。对馆员进行培训能够帮助他们获得成长，提升专业化能力。对用户进行培训能够让他们更好地了解信息服务的主要内容，便于更好地指导实践。

7. 个性化服务

每一个用户都有其特定的诉求，按照自己需要了解的资料存在的差异，用户可以通过联盟中心进行自主设置，系统会结合用户差异进行个性化推送，这种推送往往是针对性较强的，同时，也与自身诉求紧密相关。

8. 科技评估

科技评估需要借助于第三方公司来完成。委托方在完成委托之后，第三方就会按照其目的，依照流程与标准，通过多元化的方式提出操作性较强的对策。可以针对研究成果、研究领域、具体计划、机构设置、人员配备以及科技活动等多个领域进行科学评估。

四、数字电视图书馆管理模式

数字电视（Digital TV）是近些年来随着网络迅速化发展而诞生的。它从最初的信号发出到最终的用户接受，整个流程当中的所有信号采取的都是 0、1 交叉组成的二进制数字流。不管是在信息采集之前，还是中途制作的过程中，或者是最终传输到客户端那里，数字方式都伴随始终。

数字电视图书馆充分发挥了"数字"这一时代化产物所具有的交互性，它不断开发新的接口，有效打通了图书馆与电视之间的屏障，通过专业化的手段将各种资源提供给用户，让他们能够观看到清晰的视频，享受到数字化所带来的各种便利服务。当下，在业务形式的选择上，公共图书馆更多选择的是 IPTV、网络电视等来深化相关业务。正是数字化的便捷应用使得老百姓家家户户都能享受到数字化资源。数字电视的应用也使读者能够随时随地、随心所欲查阅自己需要的各种资料，他们的需求在这里都得到了最大化满足。可以说，每一个家庭因此都建立起了一个独属于自己的家庭图书馆。同时，数字电视图书馆也搭建起了馆藏资源向外输送的一架桥梁，用户可以通过 OPAC 完成资料检索、书籍预约、讲座聆听、远程学习、问题咨询等一系列工作，真正打造成了多功能与多种服务的集合体，他们能够从中获得最好的阅读感受，群众精神世界得到了进一步丰富。

新媒体浪潮下，数字电视图书馆以其独特的优势和魅力成为我国"数字推广系列工程"当中的重要一环，其资源价值得到了进一步开发。伴随着推广程度的不断深化，不管是哪一个城市的公共图书馆都在基础配备、技术能力提升、平台运作以及资源开发方面取得了明显的进步，这也为国家整体服务质量的提升、服务形式的创新奠定了根基。如今，许多省市纷纷响应国家号召，在相关建设方面取得了不少成绩。数字电视图书馆的出现顺应了时代的诉求，符合现代化发展的新特点和新形势，是一种全新的服务模式，也是在新媒体浪潮下所催生的发展模型；是公共图书馆未来转型发展的新起点；是确保群众享受高质量、平等化、公益性服务的新举措；是技术助推行业发展的典范与榜样。

第三章　公共图书馆管理内容的多维视角

第一节　公共图书馆的知识管理

一、公共图书馆知识管理的内涵特征

（一）公共图书馆知识管理的内涵

"公共图书馆是城市中极为重要的服务设施，主要的功能是为人们提供知识服务，对城市的精神文明建设和市民综合素质的提高有着重要的作用。"[1]现代社会经济发展迅速，人们的生活水平显著提高，因此对于生活质量和精神消费的重视程度也加深了。图书馆作为城市知识服务的主要设施，人们对于其职能和服务效果有着更高的要求。

知识管理是一种普适性很强的管理理论和方法，它不仅很适合企业，也很适合许多别的组织，尤其是公共图书馆。其理由如下：

第一，知识是公共图书馆生存的基础，是公共图书馆职能的永恒主题。公共图书馆所存在的意义就是保存和传递文化知识。无论记录知识的载体是竹帛、纸张还是胶片、光盘，公共图书馆在几千年的时代变迁中能够生存发展靠的是它保存着凝聚古今中外亿万人民的智慧所创造的知识。这些文化知识是人类共同的精神财富，也是公共图书馆赖以生存的依托和基础。正是由于公共图书馆保存着人类共同的文化知识遗产，它才能成为人们共同学习和交流的场所，它的社会性、科学性、教育性和服务性才具有稳固的根基。

---

[1] 贾朕超．公共图书馆知识管理及知识服务研究 [J]．办公室业务，2017(21)：161.

从纸的发明、印刷术的推广应用到电子计算机的应用、现代通信网络技术的推广应用，公共图书馆经历了一次次的变革与挑战，其职能也不断拓展与强化，但保存人类科学文化知识始终是公共图书馆特有的职能。用知识传递、交流来促进社会生产力的发展始终是公共图书馆神圣的职责。人类社会的发展历程是知识积累的过程，只要人类社会还存在、还向前发展，它就离不开知识的保存和交流，就离不开公共图书馆。

第二，公共图书馆知识管理是公共图书馆事业发展的需要。自 20 世纪 90 年代以来，我国的公共图书馆事业就面临着两大背景：一是知识经济的产生与发展，给人类社会以巨大的影响，知识成为最重要的一种资源，成为基本的生产要素。公共图书馆能否在管理知识和运用知识上发挥作用，成为一个现实问题。二是新技术特别是信息技术的飞速发展不断地改变着社会的文化，公共图书馆一直随着新技术的应用而发生管理与服务方式的改变，网络产生以后给公共图书馆以更大冲击，是由网络替代公共图书馆组织和传播知识，还是由公共图书馆利用网络将更高质量的知识传递给需求者，公共图书馆必须做出选择。毫无疑问，公共图书馆应用知识管理的理论与方法，能够提高公共图书馆文献组织与管理的质量，能够提高信息资源的可存取性，能够提高公共图书馆服务的针对性和效益，从而更好地为经济建设和社会发展服务，最大限度地发挥图书馆的作用与潜能。

第三，公共图书馆是国家知识基础设施的重要组成部分。要想发展知识经济，就要加强国家知识基础设施的建设。所谓国家知识基础设施，主要指的是高校、科研系统、企业和知识机构与广大劳动者紧密联系在一起的社会网络。通过这个网络的协同和互动，使知识得以生产、传播和应用，使人们在经济活动的各个环节都可以很容易地获得和利用所需要的知识。可见，国家知识基础设施属于广义知识管理的范畴。

公共图书馆始终被誉为知识的宝库，是典型的知识机构，也是传播知识的中介机构，它的基本职能和任务就是对知识进行收集、加工、存储、管理、检索利用并提供服务。公共图书馆的文献、设备、技术人员本身就是知识经济中生产要素的组成部分。随着数字化和网络化的普及，许多公共图书馆已经成为整个知识网络的组成部分，成为知识传播利用的主要渠道。

（二）公共图书馆知识管理的特征

公共图书馆知识管理包括公共图书馆知识的获取、整理、保存、更新、应用、测评、传递、分享和创新等基础环节。公共图书馆知识的生成、积累、交流和应用管理，复合作用于公共图书馆的多个领域中，进而实现公共图书馆知识的资本化或产品化，提升公共图书馆的服务能力、创新能力、竞争能力以及可持续发展能力。

这个定义突显了公共图书馆知识管理的以下特征：

第一，公共图书馆知识管理依赖于知识。由于在公共图书馆知识识别、获取、整理等全过程中，环节众多，作用机理复杂，因此，必须加强对公共图书馆知识的基础管理，确保在一个公共图书馆系统内知识可以不断地生成和发展。知识的基础管理是整个公共图书馆知识管理的前提。

第二，公共图书馆知识管理是以知识为中心的管理，主要强调的是知识管理可以帮助公共图书馆实现隐性知识显性化和知识的共享，是一条提升公共图书馆运营效率的新的途径。公共图书馆知识管理不像对数据和信息的整理分析那样简单，也不以书本或教条来管理公共图书馆，而是把信息、流程与人三大因素有机联结起来，在交流和互动中实现知识的共享、运用和创新，是利用知识提升公共图书馆效率、创造公共图书馆价值的过程。公共图书馆知识管理是管理理论与实践中"以人为本"主线的进一步发展，实现知识与人的能力相结合，才是"知识创造价值"的管理目标所在。

第三，公共图书馆知识管理是对流程的一个优化。依据知识的存在与业务流程的相互结合，可以将公共图书馆知识管理划分为知识的生成管理、知识的积累管理、知识的交流管理和知识的应用管理四个相对独立的环节，它们之间是首尾闭合的环路关系。这四个环节相互影响，形成一个有机的管理体系，构建起有效的作用传导机制。从各个环节的具体内容来讲，围绕"知识增值"这个核心，知识生成管理是基础和前提；知识积累管理是保障，是知识源与流、因与果之间的重要联系渠道，通过积累可以形成公共图书馆的集体智慧，提高公共图书馆对信息环境的应变能力；知识交流管理是动力，通过交流可以将各种知识组合成强有力的资源和力量；知识应用管理是手段，直接创造价值。

第四，公共图书馆知识管理是方法。知识管理作为管理方法，并不只在公共图书馆的个别领域中发挥作用，它与公共图书馆管理的各个层面的应用主题相结合，以基本方法和规律指导公共图书馆开展藏书管理、组织设计、人力资源管理、资源规划和馆读关系管理，成为辐射到公共图书馆各个层次的，以资源整合、潜力挖掘和"知识创造价值"为特征的管理活动。

第五，公共图书馆知识管理能够创造价值。知识管理在公共图书馆应用过程中的核心是"知识的增值"，因此，"知识创造价值"是知识管理对图书馆所有业务流程进行改进和变革的基本要求，将在外延上促进公共图书馆知识的资本化和产品化，确保公共图书馆具备良好的服务能力、创新能力、竞争能力和可持续发展能力。

二、公共图书馆知识管理的主要内容

（一）知识生成管理

知识生成管理作为整个公共图书馆知识管理的前提，主要包括知识的获取和知识创造两个环节。知识获取可以从公共图书馆内部或者外部来获取。因此，在公共图书馆知识生成的管理过程中，可以把知识的来源清晰地分为三个部分，即从公共图书馆内部获取、从公共图书馆外部获取和创造知识。

在公共图书馆的外部，获取知识的目标主要在于获得出版社、书商、信息服务公司、同行、读者以及行业和社会发展的相关知识。这些知识隐含在繁杂的商业数据、行业信息和调查资料、读者与竞争对手的个体知识之中，只有对外部信息不断进行收集处理并促进公共图书馆与外部的交流，才能确保公共图书馆获得外部知识来源。

创造知识是公共图书馆知识生成管理中的另一个来源。尽管知识的创造活动往往是伴随知识的应用和交流全过程进行的，但它终归体现为知识的重新生成和总量的增加。知识创造作为知识的来源之一，是最难以把握的，因为创造意味着要培育、创新知识，而不是简单地发现或积累知识。为了保持公共图书馆的生命力，公共图书馆不断需要新的知识，但很显然，这些知识不可能纯粹来源于原有知识或外部。

成功的公共图书馆会通过提高各个部门员工的工作兴趣来增强公共图书馆创造知识的能力，有的公共图书馆甚至允许员工参加与日常工作没有直接联系的项目以增强整体的知识来源。这些做法包括设立鼓励创造知识的项目、思想观念竞赛、参与多种项目工作的机会，以及提供充分的知识创造条件，保证公共图书馆馆员具备接触外界大范围刺激和信息的条件。

（二）知识积累管理

知识积累管理是确定公共图书馆知识的最终存在形式，因此也是公共图书馆知识交流和应用的基础。知识积累管理的目标是将知识生成管理中所获得的知识进行保存和管理，同时能够为知识交流和知识应用创造系统、及时、高效的环境，因此，知识积累管理的实现途径主要依靠知识的整理、保存和更新三种方式。

知识的整理、保存和更新构成了知识积累管理，但从管理过程来看，知识积累管理要解决的根本问题是对不同知识如何实现积累，而不是损耗。这就要从知识存在的基本形态入手考虑。知识存在的基本形态是显性和隐性。显性知识是指经文献记录下来的、公共的、结构化的、内容固定的、外在化的和有意识的知识；隐性知识是指个人的、未经文献记录的知识，它对语境敏感，是动态创造和获取的，是内在化的和基于经验的，常存在于人的思想、行为和感知中。由于前者可以被编码、结构化进而存储在数据库中，任何成员都可以通过计算机或网络直接调用，而后者与知识的所有者没有分离，往往需要通过直接交流才能传播和分享，因而这两种知识的积累显然需要不同的方法。

对显性知识通常可通过知识数据仓库来管理，而对于隐性知识通常以专家系统或智囊团的形式来管理。公共图书馆知识积累管理的关键，就成为方式选择及不同选择下如何更好地面对知识对象的问题。

（三）知识交流管理

公共图书馆知识交流管理中所要解决的问题在于：如何通过通信、协作和交流的形式，来实现知识的分类、整理和存储等管理，进而满足不同主体对各类知识的需求，最终促进对知识的应用，为公共图书馆创造价值。

知识交流管理要求公共图书馆从技术和文化等多方面做出安排。技术是实现公共图书馆内部知识传播的重要方法，它们也有助于建立鼓励知识共享、团队合作和互相信任的公共图书馆文化。在知识积累管理中，我们通过对不同知识采取不同的积累策略，使用知识数据仓库来管理显性知识，使用专家团方式管理隐性知识。与此相应，在知识交流管理中，也会产生两种交流方式：一是间接交流，表现为知识的贡献人与知识的使用人之间不需要直接接触，他们都面对共同的对象——公共图书馆知识数据仓库，即知识的贡献人将知识提供给知识数据仓库，知识的使用人从知识数据仓库中提取工作中所需要的知识；二是直接交流，表现为知识的贡献人与知识的使用人之间直接进行联系，联系的方式多种多样，如可以是组织会议、培训，也可以是 E-mail 或 Net Meeting，通过一对一、一对多的方式获得解决问题的知识。间接交流的基础是完善公共图书馆的知识数据仓库。健全的知识数据仓库和完善的信息网络是促进间接交流的技术基础。但对于直接交流来讲，最大的挑战在于如何结合知识的积累，推动隐性知识的显性化，使知识的传播、共享更加简便。

在隐性知识的直接交流管理中，除了完善专家团的管理模式外，最重要的是创造和推动各种隐性知识共享的机会，让隐藏于各处的隐性知识不断交流、碰撞，推动知识的创新。

（四）知识应用管理

知识应用管理就是在知识生成、知识积累的基础上，借助知识交流，进而实现知识的价值。

知识应用管理的前期准备工作决定了应用的效率。能够在前期做好规划，可以节省公共图书馆在寻找有价值知识过程中的成本。公共图书馆知识应用管理的前期准备工作主要有以下方面：

第一，分析公共图书馆各部门和人员对知识资源的需求。为确定知识应用的目标，公共图书馆必须全盘考虑各个业务部门（采编部、流通部、技术部、咨询部、网络部等）和行政部门（财务、人事、后勤、馆长办公室等）的具体需求，总结其中的特殊性和通用性，对知识仓库的内容、关系结构、文件类型等进行总体规划。

第二，规划和设计知识分类体系，提高应用前的知识评测能力。在确定知识仓库的总体规划后，公共图书馆需要依据专业的分类模式（如公认的、行业通用的、技术领域通行的分类），结合自身需要，规划出详细的知识分类体系。为使知识应用有效开展，在准备工作中要高度重视知识的评测、分析。整个知识库的框架性结构，不断充实和加入有针对性的知识资源，做到准确适用并根据实际情况不断修正和完善知识。

第三，规划、开发知识管理系统。针对集中管理（通用性）和分散使用（个性化）的现实需要，知识管理系统的核心功能一般要满足生成、积累、交流的需要，公共图书馆往往要根据自身实际进行有效的系统规划和软件开发。

第四，建立知识管理部门和相应的运作机制。为推动知识的应用，公共图书馆一般需要设置独立的知识管理部门或职能小组，其主要职能包括收集通用的知识资源，组织其他部门和人员提供专门的知识，对公共图书馆知识资源进行汇集、过滤、整理，推动知识管理的理念传播和实际运作等。

在应用的前期要做好准备工作，将知识的生成管理、积累管理和交流管理等结合起来。通过应用管理，不仅可以梳理知识管理活动中各个环节间的相互关系，同时可以通过知识测评分析各个环节知识的适用性，继而加强彼此之间的联系，更好地促进公共图书馆知识管理的展开。为了推动知识的应用，公共图书馆还要从文化和环境入手创造"知识拉动力"，要在组织形式上建立跨职能的合作团队。

三、公共图书馆知识管理的实施过程

（一）设立公共图书馆知识主管

知识主管（Chief Knowledge Officer，CKO）指的是一个组织内部专门负责知识管理的官员，是随着近年来知识管理的发展而出现在企业内部的一个新的高级职位，专门进行知识的收集、加工和传递工作。为了使知识管理成功，知识主管应该设立在有支配权和有责任的上层管理梯队里，比如由一名副馆长专任或由馆长兼任。

公共图书馆知识主管的主要职责是：制定公共图书馆知识政策；提供决策支持；帮助员工成长。具体而言，公共图书馆知识主管应做到：了解公共图书馆的环境和公共图书馆本身，理解公共图书馆内的知识需求；建立和造就一个能促进学习、积累知识和知识共享的环境，使每个人都认识到知识共享的好处，并为公共图书馆的知识库做贡献；监督保证知识库内容的质量、深度、风格并使之与公共图书馆的发展一致；保证知识库设施的正常运行；加强知识集成，产生新的知识，促进知识共享。

要完美地履行上述职责，公共图书馆知识主管必须拥有以下四方面的能力：

第一，知识主管应是一位技术专家。知识主管必须了解哪些技术有助于知识的获取、储存、利用和共享。

第二，知识主管应是一位战略专家。要实现有效的知识管理，仅仅拥有合适的软硬件系统是不够的，还要求公共图书馆知识主管把公共图书馆知识开发、共享和创新视为竞争优势的支柱，对包括信息在内的所有知识资源进行综合决策，实施全面管理。

第三，知识主管应是一位环境专家。知识主管作为环境营造者的角色较之技术专家的角色要重要得多。环境专家的工作包括：空间设计，如办公室和休息场所的设计、建立和布置学习中心；重新设计绩效衡量和部门主管评估体制，甚至包括改进公共图书馆管理层对知识主管自身业绩评估的尺度。但更根本的是，作为一个环境专家要把公共图书馆所有管理培训计划和组织发展行为都紧密地与知识管理结合起来，要在这些活动中更加重视提高公共图书馆的知识创造能力。

第四，知识主管应是一位创新专家。知识主管的动力来源于想要有所作为的愿望和坚持不懈的决心。他们应能够孕育和提出新思想，善于倾听他人建议，如果意见合理并符合公共图书馆的知识远景则应支持。

（二）改变公共图书馆的组织结构

知识管理倡导运用集体的智慧来提高组织的应变能力和创新能力，而设计出合理的组织结构是建构公共图书馆核心能力的一条有效途径。面对现代信息技术的挑战和不断变化的用户需求，公共图书馆必须积极引进企业为实施知识管理而进行的"业务流程重组"（Business Process Reengineering，BPR）或称"企业再造"的管理思想，重新调整公共图书馆的组织结构和内部关系，进一步增强自身的适应性和竞争性。

公共图书馆组织结构的设计应以读者为中心，以用户需求为导向，充分实现服务的专业化和个性化，减少管理层次和重复作业，合理配置资源，增强公共图书馆运行的弹性，提高工作效率。通过业务流程重组，使公共图书馆建立一种能够迅速适应读者需求的新的服务机制，实现与各个信息系统的交融，给资源的共享、优化、合作和知识的创新带来勃勃生机。

在网络环境下，公共图书馆的组织结构应改变以往固定的等级模式，打破传统的公共图书馆职能部门之间的界限，以适应功能的不断拓展和变化。

一是在公共图书馆外建立"知识联盟"，引进外部知识及经验，以获得能力的扩展和转换。在组织内知识清点的基础上，组建专家网络以提升公共图书馆的知识、资源和技能水平，增进公共图书馆之间的相互学习和知识交叉，协同发展。

二是在公共图书馆内建立"柔性组织"，更多地强调组织形态的扁平化和组织行为的柔性化。如采用以团队或小组为基本组织单元的网络化结构的组织形式，将更体现跳跃与变化、速度与反应，更强调人的个性与创造力的发挥，具有灵活、适应性强、高度参与并富有动态性的特点。

（三）建立完备的公共图书馆知识库

公共图书馆的知识管理的目标之一是公共图书馆内部进行的知识共享。传统的知识传递过程往往会受到很多主客观因素的制约，进而不能及时有效地将知识传送给所需的人们。如果建立起知识库，就可以解决这个问题。公共图书馆应有计划地建立公共图书馆整体以及各个部门、各个岗位的专业知识体系，将现有知识分门别类、提炼加工，同时还要及时收集所需的新知识，以形成有本馆特色并不断发展的系统性知识库，协助馆员高效提取所需专业知识资源用于各个部门和各个岗位的实际工作以获得良好的工作绩效。公共图书馆知识库可分成以下四个子库：

1. 内部显性知识库

该库收纳内部已经或可以用文字形式保存并可检索使用的一类知识，如研究报告、咨询案例、访谈录等。建立该库的关键是有系统性和便于查找。

2. 外部显性知识库

该库主要收纳社会公共知识。如政府出版物、期刊、报纸、学术会议录、标准文献、专利文献以及信息机构制作的具有版权的数据库等，都是社会公共知识的载体，公共图书馆应根据自身实际跟踪分析并收集相关的部分，以形成自己的特色知识库。

3. 内部隐性知识库

该库收纳存在于馆员头脑中的经验、数据、技巧等意会知识。组建内部隐性知识库的基础是尽量把这些意会知识编码化，以供馆员访问和咨询。另外，可以组建内部网络开展电子讨论，让馆员将自己的经验输入内部网络，并对别人的提问和建议给予积极的反馈，管理者则将这些内容全部存入子库。这样一来，一个包括馆员经验、见解和窍门的内部隐性知识库就建立起来了。

4. 外部隐性知识库

外部隐性知识库也可以称为"外脑"或"智囊库"。用户中不乏各行业、各学科领域的专家，若有效地加以利用就可以形成公共图书馆宝贵的无形资产。因此，公共图书馆应在平时的知识服务过程中与用户建立良好的互动合作关系，并建立公共图书馆的外部专家人才库以及将专家解答的问题加以编码储存的知识库。

（四）建立公共图书馆知识管理系统

公共图书馆知识管理系统是一种用来支持和改进公共图书馆对知识的创新、存储、传送和应用的信息技术系统。当前，关于知识管理系统出现了很多模式，如基于层次模型的知识管理系统、基于一般系统框架的知识管理系统、基于知识生命周期的知识管理系统、基于知识实践框架的知识管理系统、基于资源的知识管理系统以及基于 XML 的知识管理系统等。

我们在开发公共图书馆知识管理系统时，应注意以下几个方面：

1. 文本检索与多媒体检索

文本检索与多媒体检索即要求所开发或利用的搜索引擎能够检索到与检索表达式不完全匹配但实际含有相关信息的文档，而且能够按照相关率高低对检索条目排序。

2. 知识地图

知识地图用户接口设计即要求把知识库中的资料与知识目录连接起来。

3. 用户接口设计

用户接口设计用户接口设计知识地图即要求知识库管理员在选择工具时，必须考虑是否有标准接口或是否可以按照与组织的其他应用一致的方式来订制。

4. 合作与通信

合作与通信即允许被地点和时间分离的团队成员共享那些解决新建议的必要信息，包括方案文件、工作计划、个人计划、讨论组等。

5. 标准查询

标准查询即要求知识库引擎允许知识库管理员定义标准查询，这种标准查询涉及所有用户专门配置文档的关键词，也允许用户公布个人查询。

6. 个性化

个性化即满足知识库管理员手工创建用户文档，或基于 E-mail 标题与原检索式中检索词的自动生成文档来实现知识库的个性化。

7. 知识目录

知识目录即要求知识库引擎在用户检索知识地图时，能够识别相关主题专家和馆藏存储信息。

8. 近似组过滤

近似组过滤即满足为用户创建表定义主题选择来实施近似组过滤。

从社会－技术的观点来看，组织知识管理系统（Organizational Knowledge Management Systems）不仅是信息技术系统，而是由技术基础、组织基础、组织文化、知识与人组成的复杂综合体。因此，今后成熟的公共图书馆知识管理系统除着重于信息技术外，还应该考虑公共图书馆组织、公共图书馆文化与人力资源等问题，以保障公共图书馆的可持续发展。

（五）建设学习型公共图书馆

公共图书馆知识管理的策略之一就是建设起学习型的公共图书馆，在学习型公共图书馆中，学习、知识、共享、提高员工的素质将会是公共图书馆的一种重要职能。

在学习型公共图书馆中，学习已经内化为公共图书馆的日常行为，融入公共图书馆的血液之中。主动学习、自觉学习将代替被动学习，制度性学习、系统化学习将代替零星式学习。总之，向学习型公共图书馆发展可以从根本上改变一个公共图书馆的处境。

学习型公共图书馆具有一些显著的特点：

在思维方式上，学习型公共图书馆具有以下特点：有一个人人赞同的共同构想；在解决问题和人事工作时，摒弃旧的思维方式和常规程序；成员对所有的组织过程、活动、功能与环境的相互作用进行思考；人们之间坦率地相互沟通（跨越纵向和水平界限），不必担心受到批评或惩罚；人们摒弃个人利益和部门利益，为实现公共图书馆的共同构想一起工作。

在组织结构上，学习型公共图书馆具有以下特点：适应于团队工作而不是个人工作；适应于项目工作而不是职能性工作；适应于创新而不是重复性的工作；有利于馆员的相互影响、沟通和知识共享；有利于公共图书馆的知识更新和深化；有利于公共图书馆增强对环境的适应能力。

建设学习型公共图书馆，需要进行五项修炼，即改进心智模式、自我超越、系统思考、团体学习和建立共同愿景。其中，系统思考是五项修炼中的核心技术。

1. 改进心智模式

心智模式是指根深蒂固于心中，影响着人们认识周围世界以及如何采取行动的许多假设、成见和刻板印象。改进心智模式就是公共图书馆成员和公共图书馆自身打破既成的思维定式，解放思想，进行创造性思维的过程。改进心智模式的修炼包括以下内容：辨认跳跃式的推论；推出对事物的假设；探询与辩护；对比拥护的理论和使用的理论。

2. 自我超越

自我超越是指突破极限的自我实现和获得娴熟的技艺的过程。自我超越的修炼包括以下内容：建立个人愿景，即树立个人远大理想和宏伟目标；保持创造性张力，即不断地从个人愿景与现实之间的差距中创造学习与工作的热情与动力；解决结构性冲突，即排除阻止个人追求目标和迈向成功的结构性心理障碍；运用潜意识，即发展潜意识与意识之间的默契关系，以增强意志力。

3. 系统思考

系统思考是五项修炼的核心，它教会人们运用系统的观点看待公共图书馆的生存和发展，进而将公共图书馆成员的智慧和活动融为一体。系统思考能引导人们由看事件的局部到纵观整体，由看事件的表面到洞察其变化背后的深层结构，由孤立地分析各种因素到认识各种因素之间的互动关系和动态平衡关系。五项修炼的每一项都呈现三个层次，即演练、原理和精髓。其中，演练是指具体的练习，原理是指导练习活动的基本理论，而精髓则是指修炼纯熟的个人或团体所自然地体验到的境界，这种境界往往只可意会，而难以用语言或文字来表达。五项修炼将创造出有利于公共图书馆成员自我激励、自我管理和自我评价的组织环境；造就整体搭配、互相配合的团队精神；达到管理的人性化和制度化之间的平衡，以及馆员个人事业发展与公共图书馆发展之间的协调一致。这些都是现代公共图书馆的管理者孜孜以求的。

4. 团体学习

团体学习是发展公共图书馆成员互相配合、整体搭配与实现共同目标能力的过程。通过团体学习，可以获得高于个人智力的团体智力，形成高于个人力量之和的团体力量，在团体行动中，达到一种"运作上的默契"和形成一种"流动的团体意识"。

在公共图书馆中，针对公共图书馆改革、公共图书馆任务和部门的需要等，都可以组织团体学习，让团体成员在学习中理解和创新。以公共图书馆的人事改革为例，当公共图书馆的人事改革目标确立以后，要通过学习使全体馆员认识到改革的重要性和必要性，愿意去改革并努力为改革献计献策，解决改革中出现的个人利益与整体利益的冲突、短期利益与长远利益的冲突，变消极因素为积极因素，变被动改革为主动改革，变照搬模仿为开拓创新。

公共图书馆是社会教育、文化和学术的一个中心，是一个非营利性组织，当这个组织遇到复杂问题时，既要进行学习，也要发挥团队精神。公共图书馆团队精神要求为实现人类文明进步和社会发展，以知识信息服务为己任，增强责任感和使命感，通过勤奋努力、团结协作、坚持不懈、不断创造，促进人类知识与信息的生产、传播与利用。

团体学习的修炼需要运用深度会谈与讨论两种不同的团体沟通方式。深度会谈要求团体的所有成员摊出心中的假设，暂停个人的主观判断，自由而有创造性地探究复杂的议题，以达到一起思考的境界；讨论则是提出不同的看法，并加以辩护的沟通技术。通常团体用深度会谈来探究复杂的议题。

现代公共图书馆管理理论研究用讨论来形成对事情的决议。

5. 建立共同愿景

这是公共图书馆成员树立共同的远大理想和宏伟目标的过程。通过建立共同愿景，把公共图书馆全体成员团结在一起，创造出众人是一体的感觉。共同愿景深入人心以后，每个员工都会受到共同愿景的感召和鼓舞。对公共图书馆来说，建立共同愿景，就是要确立新时期公共图书馆的目标和任务，树立公共图书馆的形象，将馆员的个人价值与整个公共图书馆的价值统一起来，将个人的责任与整个公共图书馆的使命统一起来。

这样形成的公共图书馆规划与公共图书馆设计不只是代表公共图书馆馆长的意愿，而是公共图书馆全体成员的志向和符合时代需要的可实现的工作指南。建立共同愿景的修炼包括以下内容：鼓励个人愿景，即鼓励个人设计自己的未来；塑造公共图书馆整体形象，即培养公共图书馆成员的集体观念，从集体利益出发分担责任；融入公共图书馆理念，即将共同愿景融入公共图书馆理念之中，学习双向沟通；忠于事实，即从事实与共同愿景之间的差距中产生公共图书馆的创造性张力。

四、公共图书馆知识管理系统的建设

知识管理离不开知识管理系统的支持。知识管理系统不是一个单纯的知识发布系统，而是用来进行细分工作的开放的模式，主要面向协同工作、内容的管理和业务数据的挖掘，提高员工的知识和领导决策，是基于数据管理和信息管理，信息及其内涵的确定、获取、评估、系统化以及应用，以推动业务战略。

（一）知识管理系统概念界定

知识管理系统（Knowledge Management System，KMS）是一个关于知识收集、组织和传播的管理技术集合，即知识管理的实施平台。由于"知识管理"的概念至今都没有得到统一，所以"知识管理系统"也有不同的定义，其具有代表性的观点如下：

1. 从技术实现角度

知识管理系统是实行知识管理的技术平台，作为实现知识管理的计算机系统，它是一个具有知识管理能力和协同工作能力的软件系统，是一种集管理方法、知识处理、智能处理乃至决策和组织战略发展规划于一身的综合系统。知识管理系统也是一个有助于知识收集、组织和传播的管理技术集合，是使知识可以脱离个体而具备专家性、综合性、完备性和系统性的软件系统，是实现知识管理的工具。

2.从企业建成学习型组织的角度来说

"知识管理系统是指以人和信息为基础，以整合组织知识学习过程、实现组织竞争力的提高为目的，利用先进的信息技术建立起来的网络系统"，"是建构学习型组织的工具"，它由内部网、知识资产管理、动态知识管理、数据仓库、协作和工作管理、工作流管理、文本和文档管理七部分组成。

3.从企业电子商务的角度来说

知识管理系统是对有价值的信息即知识进行强化管理的系统，是实现企业"流动性整合"的工具，是企业电子商务的基础，它包括对客户、供应商和企业内部职工的知识加以识别、获取、分解、储存、传递、共享、创造、价值评判和保护，并使这些知识资本化和产品化。

综上所述，各学者都从自身的研究领域和应用领域出发，从不同角度对"知识管理系统"进行描述，虽然至今尚无定论，但可以理解为是一个组织实现知识管理的平台，是一个以人的智能为核心，以信息技术为手段，对知识进行创造、捕获、整理、传递、共享，继而创造新知识的人机结合的管理系统。

（二）知识管理系统与信息管理系统的关系

信息管理系统是指运用计算机和通信技术手段对信息进行加工和管理的系统，即所有的能够支持信息收集、处理、存储和传播的系统都可以称为信息管理系统。从技术的角度看，信息系统是为满足组织对信息的需求，综合运用计算机、通信、网络、数据库和信息处理等多种现代信息技术而形成的系统。其功能包括：信息输入、信息处理、信息存储、信息传播。而知识管理系统是管理信息系统的延伸和发展，是一个对知识进行创造、捕获、整理、传递、共享，继而创造新知识的完整的管理系统。

1.知识管理系统与信息管理系统的区别

收集、处理和传播的对象不同。信息管理系统收集、处理和传播的对象是反映现实世界中事物客观属性的信息和显性知识。而知识管理系统收集、处理和传播的对象除具有显性知识外，还强调的是要以人的头脑为载体，具有创新特征。

系统产品的价值取向不同。信息管理系统提供的信息要求满足及时性、新颖性、针对性和准确性等特点，具有上述性质的信息产品被认为具有较高价值。而知识管理系统所提供的知识产品更倾向于创新性、科学性、经验和技巧的验证，注重知识产生和应用的背景及其内在联系，能对新知识再创造提供支持的系统产品被认为最具有价值。

系统的产品形态不同。传统的信息管理系统提供系统输出的形态通常是一些报告、文档、报表、总结性数据或提示性信息，新型的信息管理系统类型（如 DSS，即决策支持系统）具有一定的分析能力，可提供一些预测信息和分析数据。而知识管理系统提供的结果则形态多样，是集文字、图形、声音、影像于一体的，通过超媒体链接而得到的输出，结果具有动态特征，可根据不同的需要产生不同的结果形态。

处理对象的加工深度不同。信息管理系统信息的加工更多的是进行计算、合并、汇总、连接等表层的处理。而知识管理系统的加工过程则较多着眼于对知识的解析、分类、合成、整理、建立映射联系等深层的处理。因此，知识管理系统对知识的加工深度远远大于信息管理系统。

2. 知识管理系统与信息管理系统的联系

这两类系统都是由收集、处理、存储、传播以及共享的过程构成。信息管理系统与知识管理系统的完整过程是由一系列处理阶段所组成，两类系统在各自处理问题的方法上虽然有所差异，但是其过程都一样，没有本质的差异。

两类系统的产品都能提升组织价值。无论是信息管理系统，还是知识管理系统，系统最终提供的结果（信息或知识）都是对组织具有价值的无形产品。在信息时代的今天，及时、有效的信息能为组织开拓创新提供依据。知识是组织进行创新和发展的重要源泉，有效的知识挖掘和利用能为组织创造新的价值。

新型的信息管理系统（如 DSS 等）都已具备了知识工作支持、管理决策支持、高层战略信息分析和基于网络的共享等功能，这些功能事实上正是运用已有知识进行再创新的过程，同时又是知识管理系统所需要的。因此，在信息管理系统与知识管理系统之间没有明显的分界线，只是对信息和知识加工和挖掘的深度不同。

两者都建立在信息技术基础之上。信息管理系统是集计算机硬件、软件、数据存储和网络通信等技术于一体而构成的技术系统；而知识管理系统也正是依仗上述技术而建立的系统，所以，两类系统的实现都离不开现代信息技术的发展和支持。虽然现在又有了一些新的用于知识管理的技术进展，如知识仓库、数据挖掘工具、群件技术等，但这些都同属于信息技术范畴，同样适用于信息系统的实现。

（三）知识管理系统的常见类型

1. 基于层次模型的知识管理系统

这种模型将知识管理系统分为三个层次：第一层次为知识管理工具，包括组成知识管理系统基本构件的专家系统语言（如 Oracle PI/SQL）或程序语言（如 C++）。第二层次为知识管理系统发生器（如 Lotus Notes），它被用来建立各种特殊的知识管理系统。第三层次为所构建的专门知识管理系统。

2. 基于知识生命周期的知识管理系统

这种模式是 Ruggles 建立的一种知识获取（知识挖掘）、知识编码和存储（知识重组）、知识传递（知识共享）、知识利用（知识应用）的知识管理系统，来考察知识管理系统对每阶段知识的影响。这种基于知识生命周期的知识管理系统具有简化概念的优势，但它不能提供知识管理系统丰富的内在性，也不能指明缺少哪些方面的研究。

3. 基于一般系统框架的知识管理系统

这种模式把知识管理系统当作一种信息系统，通过其输入（知识、人员、工具）、处理（知识人员、工具的交互）、输出（有用的知识）和反馈（输出结果与输入和处理比较）来进行研究。这种框架的优点是结构简单，覆盖面广，所有知识管理系统的主要组件都可包含其中。它的主要缺陷是不能突出知识库的重要性或人们之间知识转换的本质特征。

4. 基于知识实践框架的知识管理系统

这种模式以组织的知识管理实践为中心，突出支持实践活动的知识管理系统的类型与方式。它从问题识别的过程与所要解决问题的分类两方面考察知识管理实践。

5. 基于 XML 的知识管理系统

在对企业进行知识管理需求分析和知识管理流程分析的基础上，提出了基于 XML 的知识管理系统模型。这种模式由智能代理、文档转换接口、内容管理、知识发布与共享、工作流协同、决策支持、XML 与数据序接口、知识管理数据库八部分构成。基于 XML

的知识管理系统与其他知识管理系统相比，具有的优势有：统一、良好的文档结构；易于统一存储，便于分类管理，采用 Web 浏览器；通过 XML 在 Web 上实现知识发布与共享；具有基于元数据的快速搜索，检索效率高；能较好地实现异构系统的传递；具有技术上的先进性，代表未来的发展方向。

6. 基于本体的知识管理系统

本体（Omology）是共享概念模型的明确的形式化规范说明，其目标是捕获相关领域的知识，提供对该领域知识的共同理解，确定该领域内共同认可的词汇，并从不同层次的形式化模式上给出这些词汇之间相互关系的明确定义，它采用框架系统对客观存在的概念和关系进行描述。提出的基于本体的知识管理系统采用三层体系结构：客户端用户代理通过 SOAP 协议将客户请求发送至中间层，中间层根据用户的请求负责从本体知识库中检索所需知识并返回给用户，同时中间层还能够从外部自动获取所需知识并存储在知识库中，数据库层负责知识的存储与共享。

（四）知识管理系统的功能解析

1. 知识发现功能

知识管理系统从各种信息源获取知识，并按照分类的基本框架或分类学将其组织起来，其作用是使知识寻找者可以通过显性知识的交流和隐性知识的交流来获取和使用知识。

2. 知识交流功能

第一，隐性知识交流功能。知识管理系统通过跟踪个人的经历和兴趣，中介代理可以借助它把需要研究某些课题的人与在这些领域拥有知识的人联系起来，即将知识寻找者(用户)与最佳的知识源匹配起来，共享他们的经验与知识。第二，显性知识交流功能。知识管理系统利用显性知识的交流，从外部的信息源中提取知识，经过滤后找到与知识寻找者有关的知识。它帮助研究人员（用户）就一个问题或者感兴趣点进行交流，并针对已经通过外部化获取的知识进行重新编排，并以最合适的方式表示出来。

3. 知识创新功能

知识创新功能是知识管理的最终目的。管理者通过应用知识以及用户在反馈过程中进行的交流和探讨，能够使新的知识和思想与原有知识结构之间发生碰撞并激发产生新的知识，实现知识的创新。知识管理的基本功能可以通过知识管理工具的有机组合来实现。数据库和知识库是知识管理系统的存储模块，是知识的载体，用于存储显性知识和隐性知识；知识管理系统通过发现并创建知识不断充实数据库和知识库；系统对创建的知识进行加工以便于系统组织和管理；系统通过构建的协作共享平台达到知识的重复利用，实现知识的价值。

4. 知识应用功能

知识应用功能是知识管理的最终目标，即利用具有专家系统或人工智能的技术对经过前三种功能交流过的知识进行具体应用和做出决策。

（五）知识管理系统的主要特点

1. 安全性

系统在对象的层次之上保证数据和应用的安全。

2. 可管理性

系统拥有强大的、复杂的可管理界面，维护系统的高效率，保证元数据的重新设计和变化。

3. 分布式

知识管理系统可以在组织内部或外部不同的计算平台上使用同样的规则实现知识的获取、传递和共享。

4. 灵活性

知识管理系统能够处理任何形式的知识，包括不同主题、结构和载体的知识。

5. 协作性

知识的创造、共享和使用离不开人与人之间的协作关系。

6. 开放性

知识管理系统实际上是一个平台，而不只是工具。

7. 集成性

知识管理系统是多种应用工具的集成。

8. 可扩展性

知识管理系统运行在高效能的多处理器系统中，支持群集、负载平衡以及动态连接池，以便处理大数据量、多用户的访问。

9. 高性能

知识管理系统可以实现高效率的访问。

10. 实时性

知识管理系统可以为用户在全部应用中提供实时的数据。

11. 易用性

系统的使用方便易学，知识成为系统的核心。

12. 建设性

系统能推断出用户的知识需求，并能超出用户所表达的需求主动提供相关联的知识。

13. 敏感性

知识管理系统能够根据用户的背景知识和经验对知识进行整理组织，并按照用户的特点提供相应的知识信息以满足其需求。

14. 先进性

知识管理系统支持先进的元数据格式，将用户与复杂而混乱的数据相隔离，用户可以通过简单熟悉的词汇和规则使用系统。

（六）公共图书馆知识管理的技术平台

1. 公共图书馆知识管理的信息门户

当前，在教育科研领域的学科信息门户（Subject Information Gateway, SIG）已达数百个，涉及各个学科领域。在欧洲，始于 1996 年的 DESIRE 一期工程，使一大批面向数学、医学、社会科学、工程科学的信息门户相继诞生，并已发展到大规模普及实施阶段。美国加利福尼亚大学洛杉矶分校的人文学科门户也是一个代表。

信息门户是一个应用框架，它将组织的所有应用和数据集成到一个信息管理平台之上，并以统一的用户界面提供给用户，使组织可以快速地建立组织对组织和组织对内部员工的信息通道。

公共图书馆信息门户是一种"以内容为中心"的服务方式，它为了满足网络环境下公共图书馆用户的多重需求，利用现代网络技术和通信技术，通过统一的 Web 界面，为用户提供公共图书馆虚拟和实体的信息资源，并提供智能化、个性化服务的一种服务手段和方式；它为用户查找各种异构资源提供了统一的平台；为用户提供学科知识导航，展现信息资源之间的关联；提供多数据库的整合检索，集成智能化、个性化服务，为用户提供获取目标信息的一站式服务。

中国科学院于 2002 年最早启动建设了生命科学、化学、数学物理、资源环境和图书情报五个学科信息门户。学科信息门户是网络指南、资源导航，指示数据库的进一步发展，根据特定用户的需求对网络中的相关信息进行资源集成和更深入的揭示，并提供信息检索服务。其整合的信息资源是信息工作者根据一定的标准选择过的，有的甚至有资源评价规则和定期测试审核机制，因而具有准确性、可靠性较高的特点，是用户从网上检索相关专业领域信息的一种重要资源。

公共图书馆信息门户作为有别于普通网络搜索引擎的信息服务平台，通过灵活地整合、可靠地组织、无缝地链接用户所需的信息资源和信息服务，将一个分布式的纷杂的信息空间组织成一个方便的用户信息系统，提供浏览和检索双重功能以满足用户各方面的信息需求。一方面，公共图书馆信息门户对信息和知识内容具有强大的管理能力，支持各种结构化和非结构化的信息或知识，并将其以可视化知识地图的组织形式展现于用户眼前，有利于用户的知识查找、搜寻和获取；另一方面，公共图书馆信息门户设置的自由知识交流社区，支持知识生命周期管理，通过各种交流形式或渠道，灵活地鼓励用户和馆员等获取、存储处理、传播共享和创新应用知识。

一个公共图书馆的信息门户对内是一个知识管理系统，为馆员提供及时的业务交流平台以挖掘和共享知识尤其是隐性知识财富，创建和改造公共图书馆文化，建立虚拟学习型组织；对外则是一个知识集成系统，为用户提供知识型服务，包括知识的导航、传递、获取、交流、共享与创新等。

公共图书馆可以运用计算机网络最新技术，根据公共图书馆业务工作实际，把公共图书馆信息门户与知识管理概念集成起来；以网络为基础，将公共图书馆知识管理信息门户系统与协作软件结合在一起，创建出统一的公共图书馆知识管理平台，从而构建起一个公共图书馆知识管理系统平台。

公共图书馆信息门户和知识管理系统可以互为所用，二者融合是一种趋势。学科知识导航、定题服务和参考咨询是公共图书馆信息门户为用户提供的必不可少的服务项目，这些服务设置都离不开馆员或学科馆员的参与，馆员或学科馆员的素质直接影响公共图书馆信息门户的服务质量和效果。馆员或学科馆员素质的提高依赖于一个良好的学习环境和文化氛围，公共图书馆知识管理系统就是为解决这个问题而出现的。

将公共图书馆数字知识库管理系统和门户软件以及协作软件以新的方式组织和集成，可以形成一个公共图书馆知识管理信息门户系统。公共图书馆知识管理信息门户作为一个统一入口，既是公共图书馆用户获取公共图书馆信息服务的入口，也是公共图书馆管理平台的入口，同时还是公共图书馆工作人员进行知识分享交流的平台，由此集成知识信息、人员和业务流程，进入公共图书馆各类信息和知识的管理与服务，从而完成公共图书馆满足用户信息需求、提供信息服务的根本任务。

2. 基于 J2EE 的公共图书馆管理技术平台

（1）J2EE 集成管理系统平台的构成

①Java 技术。J2EE 平台的基础是 Java 2 技术，其本质就是一个可移植的面向对象的环境。各个厂商的产品，可以通过使用 Java 的 API 接口实现与 J2EE 平台的兼容。

②通信要求。J2EE 各系统平台、各层、各组件间的通信与相互操作的兼容，主要通过 Internet 协议、RMI 协议和 CORBA 协议等来实现。

③组件技术。组件技术是一种软件重用技术。J2EE 支持的组件有 Applet、EJB 组件、Web 组件（JSP 和 Servlet）和各种客户应用，这些组件均在各自的容器内运行。

④服务形式。在 J2EE 平台规范中，定义了数据存取服务接口、事务服务接口、命令与目录服务接口、安全服务接口和消息服务接口五种服务接口来提供一些基本的服务。

（2）公共图书馆应用 J2EE 技术的优势

①效率性和灵活性。在 J2EE 体系结构中，EJB 组件分离了业务逻辑和表示逻辑代码，也把应用程序逻辑和系统服务分开，使开发人员的工作简化，只专注于实现业务逻辑，由

容器自动实现与信息系统层数据的连接，开发效率大大提高了。而作为"瘦客户端"，易于升级维护，几乎没有客户端的维护成本，只须改动业务组件，客户端显示就会自动随之改变。灵活性表现在客户端显示的灵活多样性。公共图书馆既可使用浏览器为外部用户提供联机公共检索（书目查询）系统（OPAC）的 Web 检索，也可使用客户端应用程序为内部工作人员提供更深层的检索。灵活性也表现在组件的可移植和重新部署上，公共图书馆的业务流程可以在其他公共图书馆的系统软件中进行移植和重新组合。

②集成性和可扩展性。J2EE 是由 Sim 引导、众多厂商共同发起、得到广泛认可的一系列工业规范，而非 Sim 产品。国际商业机器公司（IBM）、甲骨文公司（Oracle）、应用基础结构软件公司（BEA）等许多大公司，均已参加开发 J2EE 兼容技术。支持 J2EE 的应用服务器已有 IBM Web Sphere Application Server、Oracle Application Server 等数十个。J2EE 的集成性和可扩展性主要体现在能达到一定程度的互操作性，这不仅表现在支持异构环境，包括各类操作系统、机器平台、各种软件语言或开发工具生成的各种功能，还表现在对遗留系统和应用的集成能力。而且 J2EE 作为互联网的底层基础构架服务于互联网，其设计的首要目的是支持互联网应用，被采用最多的 Web 服务器软件大多基于 J2EE。

公共图书馆现在一般均已使用公共图书馆管理系统及其他数据库系统和信息服务系统，因此，必须考虑到知识管理信息门户在技术上与现有各类遗留系统的兼容性，以及新系统、新应用、新的 Web 服务等的集成性和可扩展性。这些已经使用的系统均可在 J2EE 开放性的构架平台上兼容，所以，构建公共图书馆知识管理所需的技术平台选择 J2EE 比较理想。

③安全性。J2EE 体系结构中，业务逻辑和表示逻辑分离，可在 EJB 组件与 Web 组件间设置防火墙。EJB 技术允许在每个 EJB 组件上实施安全策略。J2EE 的安全服务接口，还可采用身份认证和资源授权访问模式来保证安全。公共图书馆可以通过设置用户权限、设置组件功能访问权限、增设防火墙等多种方法以提高安全性。

④成熟性和重用性。J2EE 早在 1999 年就形成了成熟的架构，目前已有多年应用的经验积累。J2EE 组件的技术特性实现了软件重用技术，可以实现一次编写，多次运行知识拉动力，既可将同一个组件提供给不同的应用，也可将一个组件和其他组件集成为复杂组

件加以应用。公共图书馆要面向不同的应用群体，如图书检索功能需要针对用户和工作人员显示不同的检索界面和结果界面。应用 EJB 组件重用技术，就可使用同一个检索组件。

（3）J2EE 平台的层次

J2EE 是基于三层（多层）分布式的体系结构，分为客户层、中间层和信息系统层。中间层由 Web 层和业务层构成，业务层还能够根据实际应用的需要，细分为多层，形成多层体系结构。

①企业信息系统层。在企业信息系统层中运行的信息系统软件，包括基础系统、数据库系统、事务处理系统、其他遗留信息系统等。

②客户层。客户端负责用户与系统的交互，可以是基于 Web 的、用户的浏览器在客户层中运行（HTML、Applet），也可以是不基于 Web 的、运行独立的应用程序。

③业务层。业务层是 J2EE 体系结构中的核心层，也称 EJB（Enterprise Java Bean）层。通过运行 EJB 组件来实现信息系统的业务逻辑功能。EJB 从客户端接收数据进行处理，再将数据送到信息系统层存储。EJB 也可以从信息系统层检索获取数据，处理后返回客户端。

④ Web 层。Web 层由 JSP 页面和显示 HTML 页面的 Servlet 等组成。通过运行此层的 Web 组件来响应客户请求，调用相应的业务逻辑、EJB 查询等。

第二节　公共图书馆的财务管理

随着科技的发展、社会的进步，居民生活水平日益提高，公共图书馆作为全民阅读的阵地迎来了高速发展的机遇。"图书馆财务管理作为反映图书馆业务活动、提升服务水平、促进图书馆事业发展的重要工作，正面临着巨大的改革与创新要求。[1]"

一、公共图书馆的财政预算管理

维持公共图书馆正常运行、提供服务的资金主要来自当地的公共财政，预算资金是公共图书馆组织资源、提供服务、开展活动的主要资金支撑。对一个组织而言，预算是一种

---

[1] 陈燕 . 公共图书馆财务管理工作难点与对策研究 [J]. 会计师，2018（23）：36-37.

常用的管理工具。因此，编制好公共图书馆的年度经费预算、管好用好资金、争取更多支持，特别在单位年度预算不足的情况下争取拿到追加经费，组织与图书馆服务数量和质量相匹配的资金，是保障图书馆正常开放，为社会提供服务的前提条件，也成为公共图书馆管理的主要内容之一。

年度预算事关公共图书馆一年的事业任务是否具有相应的经费支撑，因而编制年度预算是公共图书馆管理的一项基础性重要工作。但是，对于公共图书馆而言，编制预算的意义，不仅在于编制一个财务年度经费支出上的预计，也是规划即将开始的工作。

具体编制预算肯定是公共图书馆财务人员的工作，因而实际情况是，大部分的馆长并不参与单位年度预算的编制。不参与不仅是因为缺乏编制预算的技能，而且是对编制预算缺少应有的认识和重视。其实，仅仅依靠财务人员无法编制出高质量的预算，财务人员并不清楚所在的图书馆下一年度的重点工作在哪里，有哪些重要活动需要开展，按照战略规划分解的年度工作目标是什么，这些目标会产生多大的工作量，等等。可以想象，这些问题，可能除了馆长以外，没有什么人能够全部明确地知道答案。因此，编制预算不仅是公共图书馆财务人员的工作，也是整个公共图书馆的一项重要工作，馆长必须亲自参与。

（一）预测服务量与质

公共图书馆的理念之一是为社会提供最好的图书馆服务。所谓最好的服务是指提供符合公共图书馆理念的服务，而且中间的每个环节是相互影响、缺一不可的。资源适用、政策公平、使用方便、服务周全而有礼貌、能够解决用户提出的所有请求，这应该成为我国公共图书馆追求的目标。另外，服务需要成本。在效率一定的前提下，服务提供的数量和质量与成本形成正相关，因而需要的经费支出也会随之增减。因此，预测必须综合考虑现有的资源和条件，通过对历年数据的统计，有时还可能需要做些调查，分析趋势，才会给我们一些启示。

（二）评估硬件设备

影响读者利用公共图书馆的因素很多，其中馆舍、设施、环境、设备等也是重要原因。公共图书馆寒暑假期间的读者特别多，原因并非只是学生放假，有些读者仅仅是为了节省家中空调电费。但正是这个动机，可能使这些人从潜在的读者成为持证读者。另外，公共图书馆作为公共场所，不仅需要保证馆员、馆舍、设备、文献等的安全，也要保证到馆读者的人身安全，而引发安全事故的大部分原因是电器等硬件设备。因此，在编制预算前，应该对馆舍、设备等硬件进行评估和检测，确定是否需要保养、维修或者更新，从而准确编制发展性项目经费预算。

（三）预计额外工作

我国公共图书馆正处于发展的黄金时期，发展过程中需要宣传推介、彰显价值，所以，需要对一些社会关注的热点问题做出一些反应、开展一些活动，如下一年度中是否有特别的节日，政府是否有重大的活动可以配合，上级主管部门的重点工作中有多少涉及公共图书馆的内容，等等。这些额外的工作都是当地党委和政府的主要工作，有利于公共图书馆展示、宣传和推广自身的价值，提高社会地位，争取更多的支持，进入良性循环。但额外任务会使公共图书馆产生额外的工作量，完成这些任务都会涉及人、财、物。因此，掌握这种信息，预计这些工作任务的数量与质量，并准确编制相关预算，就可以使公共图书馆事先将可能产生的额外工作任务纳入工作计划，并在人、财、物上预做准备，从容应对别人认为是额外的工作任务，从而提高公共图书馆的社会地位，为争取预算、争取追加赢得筹码，获取更多的支持。

（四）了解技术发展

公共图书馆一直充分利用新技术开展文献信息资源的组织、加工、揭示和开展服务，在知识经济时代更需要如此。新技术的运用既可以让馆员摆脱手工劳动，提高公共图书馆的效率，又可以让读者节省时间成本和交通成本。对于某项新技术的运用是否适用于公共图书馆，是否可以提高工作效率，是否可以在远期节省成本，财政部门不仅并不清楚，而且不可能先于图书馆进行了解并主动提请图书馆采用。而编制运用新技术的预算，可以让财政部门了解新技术的发展情况，采用新技术的投入和产出的关系，以便在适当的时候申请专项经费时不至于感到突兀。因此，关注新技术的发展情况和趋势，了解新技术的适用范围和性价比，分析新技术运用对图书馆发展的影响，是公共图书馆馆长和相关人员的长期工作，并且在编制预算时应考虑是否把这些内容放进年度预算中去。

二、公共图书馆的内部预算管理

（一）公共图书馆内部预算的编制

编制内部预算既是为了准确地编制明年的年度预算，更是为筹划和制订明年的工作计划做准备，内部预算编制因此既成为公共图书馆管理的一项重要工作，也成为公共图书馆的重要管理工具。

一般需要在编制图书馆年度经费预算前完成内部预算的编制。年度预算的人员经费、办公经费等都是根据人员信息表自动生成，所以，此时编制的内部预算主要包括业务预算和项目预算。内部预算编制的前提是工作计划的确定，所以，公共图书馆在编制内部预算前先要初步确定明年的工作计划，而且这个工作计划需要符合战略规划的要求，因此，内部预算编制的过程也是计划明年工作的过程。为了保证明年工作计划的科学合理，需要做好以下工作：

第一，由各个部门分别制订本部门的明年工作计划，并尽可能排出需要使用的资金额度，如会展部排出讲座和展览工作的计划及预算，辅导部排出业务培训的计划和预算，少儿部排出各项少儿读书活动的计划和预算，借阅部排出盲人读者活动计划和预算，等等。

第二，全馆对照战略规划，列出在明年整个年度中需要完成的战略规划中的阶段性任务，并编制预算。

第三，编制工作计划汇总表，表格以部门为经、工作任务为纬，列出明年工作计划和预算金额，文字计划和预算作为附件备查。

第四，召开专门会议，讨论研究工作计划汇总表，寻找漏项，进行补漏。

第五，编制出整个年度的业务和项目预算。

在整个过程中，不仅需要召开一些专门的会议，而且馆长要亲自逐项核对，并对某些预算的单价等进行询价，以避免预算的随意和盲目。

（二）公共图书馆内部预算的控制

预算使用的控制，实质就是对预算的执行，其执行力大，控制就好。由于内部预算的执行实际上就是对年度经费预算的执行，因此，内部预算控制的结果，就是对年度经费预算的控制结果，对公共图书馆的管理而言意义重大。预算的控制包括事前、事中、事后的控制。

1. 预算的事前控制

所谓事前控制，是指在编制内部预算时，要根据完成事业任务的实际需要，实事求是地编制预算，使内部预算与今后执行中的实际支出基本一致。内部预算的编制质量会影响公共图书馆年度经费预算的准确性，夸大其事、漫天要价会造成财政部门对公共图书馆年度预算的不信任，而漏项严重、预算不足也会造成同样的结果。

2. 预算的事中控制

所谓事中控制，是指控制预算执行的过程。在这个过程中，主要从两个角度控制：①根据预算支出金额控制事业任务的完成情况；②根据事业任务完成的进度推算预算的执行情况。如果预算准确，预算支出的多少就会反映事业任务完成的多少，如支出已经达到70%，则事业任务应该完成70%左右；反过来，如果事业任务完成进度为70%，则预算执行的进度也应当基本达到70%。当然，两者可能并不绝对匹配，特别是一些周期较长的项目，在一开始有一个资源准备的过程，在这个过程中，预算支出已经发生，但还没有达到一个临界点时，事业任务就不会有进展。这与政府在公共图书馆的资金投入上必须超过临界水平才会产生效益的道理完全相同。

在没有特殊情况下发生两者的脱节，需要及时分析原因，并对剩余工作任务重新预算，与原预算的剩余资金进行对比。例如，在完成原定的工作任务的前提下，预算严重不足，则需要追加经费或筹集资金；若预算有余，则可以增加工作深度或广度，或者准备调整预算用途。这些都成为预算追加的前提条件。

事中控制是一个动态的过程，需要跟踪，而不是对一个项目做一次控制，特别在周期长的预算项目上更是如此，一旦不加控制或控制失误，可能就会发生任务还未完成而预算已经用完的情况，如果一两个项目如此还有调整余地，多了的话，则要么预算超支，要么任务完不成。预算超支后，并非所有项目都可以调整预算或者申请追加。

3. 预算的事后控制

事后控制是指在工作任务完成的前提下进行决算，以总结在预算执行上的经验和教训，并对结果及时做出反应和决策的过程。

经过调整的内部预算，与年度经费预算加上自行组织资金在总额上应该基本相等，但明细化程度要高得多。由于年度预算下达书中的经费（除专项经费）是按大类下达的，所以，在同一个大类中的各个工作任务的内部预算存在调整的可能性，但发展性项目预算中的各个项目往往是独立的，不经批准不允许调整。因此，在控制内部预算上，首先要了解各个内部预算的性质，对专项经费需要较为严格的控制。

对某一项事业任务来说，如果工作任务和预算都刚好达到内部预算上的数量和质量当然最好，但这往往是一种巧合，很少发生。在预算准确、执行良好的前提下，较好的情况是任务完成、经费略有结余。除发展性项目预算外，即使少数内部预算因为实际情况发生变化，只要在可控的范围内，略有超支也是较好的结果。

事后控制的最坏结果，往往就是调整预算和申请预算追加：对人员预算，只要在批准的工资总额范围内，可以自行调整；对经常性项目预算，一般可以自行以丰补歉；对发展性项目预算中项目之间的调整以及预算超支，应该尽快汇总，向财政部门申请预算追加。前面说过，预算追加的上报时间一般在七八月，而此时有些项目预算还在执行过程中，因此，内部预算控制的三个过程是一个有机的整体，其意义在这时也更加凸显出来。

三、公共图书馆的成本管理

公共图书馆在财务核算上执行预算会计制度，采用收付实现制，不需要计提折旧，不摊销低值易耗品，因而，不管是主管部门还是财政部门，都没有要求公共图书馆进行成本核算。公共图书馆的财务人员，可能大多数都没有进行过成本核算的操作，不熟悉成本核算的方法和技能。然而，对一项事业、一个单位或一件工作而言，成本是评价效益的重要尺度，不进行成本核算就无法说明服务效益的大小，当然就无法说明管理水平的高低，甚至管理因此失去了方向。另外，成本在决策中也扮演着重要的角色，是决策过程中重点需要考虑的问题。所以，公共图书馆开展成本核算并不是可有可无的工作。

（一）公共图书馆成本的概念与分类

对于公共图书馆而言，全年的费用支出应该就等于全年的成本，但成本与费用却是两个不同的概念。从时间顺序上来看，费用发生在前，成本的归集和计算在后；从范围来看，费用是针对整个图书馆的，而成本往往针对某种服务、某个活动或某个项目，即是对象化的费用；从期间来看，费用一般按会计期间划分，如月、年，而成本一般按核算对象划分，如某个展览的成本，而不管这个展览是否跨月。

1. 成本的概念

成本是指为达到特定目的而发生或应发生的价值牺牲，它可用货币单位加以衡量。在传统的会计学中，成本是已经发生的各种耗费的货币表现，是一种历史的东西，是过去时；而在这里，作为管理学的成本概念，强调的是形成成本的原因和必要性，可以是过去的，也可以是将要发生的。

管理会计是通过一系列的专门方法，利用财务会计资料、统计资料及其他有关资料进行整理、计算、对比和分析，使企业内部各级管理人员能够据此对各个责任单位和整个企业日常的和预期的经济活动及其发出的信息进行规划、控制、评价和考核，并帮助企业管理当局对保证其资源的合理配置和使用做出最优决策的一整套信息系统。管理会计与传统会计最大的不同之处在于紧紧围绕"规划"和"控制"这两个重点，而不仅仅是"反映"和"监督"。因此，传统会计侧重于事后核算，而管理会计侧重于事前计算。

2. 公共图书馆成本的分类

在成本的分类中，可以按照核算的目的，或按照相关性、经济用途、时态等不同的分类方法，形成许多种成本。管理中，按经营目标、特定对象、成本与业务量的关系、作用等也可以分成许多种成本。

（1）财务成本。财务成本是指根据国家统一的财务和会计法规及制度核算出来的，用于编制财务报表和企业内部成本管理的成本，也称为法定成本或制度成本。对于公共图书馆来说，年度预算的编制，相当于进行一次简单的全馆全年工作任务的成本估算，如果年度预算全部执行完毕，则就是全年的财务成本，在公共图书馆的财务报表上，反映为公共图书馆的年度总支出。

（2）固定成本。固定成本是指其发生总额不随业务量的增减变动而变动的成本。但就单位固定成本而言，则是随着业务量的增减变动而成反比例变动。例如，公共图书馆的人员费用、物业管理费等，正常情况下并不随着到馆读者的数量而成比例变动，其发生额就是一种固定成本。

（3）变动成本。变动成本是指其发生额会随业务量的变动而正比例增减变动的成本，但就单位变动成本而言，则是固定的。例如，公共图书馆开展广场诵读活动，现场的布置等开支是固定成本，并不与参加者的人数成比例关系，每增加一名参与者，就需要多花一瓶水的支出，它与参与活动的读者数量成正比关系。

（4）混合成本。混合成本是指成本额随业务量变动而相应变动，但变动幅度并不与业务量变动保持严格正比例关系的成本。也就是说，混合成本是介于固定成本和变动成本两者之间的成本，或者说，混合成本同时包含有固定成本和变动成本的双重性态。由于成本核算针对的是某个特定的项目，而某些支出并无这种明确的针对性，但却又随着这个项目的变量而发生不成比例的变动。这时，为了变动成本核算的准确性，需要对这样的成本进行分解，将混合成本分解成固定成本总额部分和单位变动成本部分，以便于利用变动成本法核算项目成本。

（5）边际成本。在经济学中，边际成本是指成本对业务量无限小变化的部分，在现实的经济活动中，是指业务量每增加一个单位所须增加的成本。但在会计实务中，常常也将增加一批产量所增加的成本视为边际成本。在经营决策中，边际成本可以用来判断业务量的增减在经济上是否合算。从数学理论上讲，边际成本是总成本对产量的导数，在相关范围内，单位变动成本与边际成本相一致。这个成本在公共图书馆中可能运用不会很广，但如果开展非基本服务，应该会有所应用。例如社会培训，必须核算举办一个培训班需要多少学员才能保本；讲师提出增加讲课费，在学员数量一定时，讲课费增加多少才不会使培训出现亏损，这些都是边际成本要解决的问题。

（6）机会成本。机会成本是指由于从多个可供选择的方案中选取一种方案而放弃另一些方案上的损失。机会成本是单位在做出决策时必须考虑的一种成本。

（二）公共图书馆成本核算的价值体现

作为非营利性组织的公共图书馆，在考虑履行公共图书馆使命、实现普遍均等服务的目标上很少会顾及成本问题，其结果往往忽视资源的有效配置，更不讲求资源的使用效益，总认为公共图书馆没有私利，所做的一切都是为了提高民众素质、促进社会进步、实现信息公平，其支出理所当然地应该由公共财政无条件地承担，而从来没有想过这些目标的实现需要多少资金，当地政府是否有相应的财力。这些问题，表面看是资源的配置问题和效益问题，其实是成本问题，因为不重视成本核算，公共图书馆可能也就无法讲清楚效益的高低，以及自己为社会提供了多少价值。

公共图书馆总体上虽然没有成本核算的要求，但公共图书馆开展服务却总需要一定的付出，这种付出就是服务成本。对一个单位的管理来说，成本核算是必须做的：减少成本就等于增加利润，还提高了竞争力。因此，从公共图书馆管理、效益、决策等角度出发，开展成本核算的价值体现在以下方面：

1. 有助于完成工作目标

公共图书馆在编制年度预算时，特别是经过编制和调整内部预算，已经计算了一些工作的成本（尽管只能算作简单的成本核算），如安排讲座50场，财政年度预算安排10万元，则每场讲座的平均单位成本是2000元；再细分，名家讲座10场，平均每场费用5000元，则10万元的总预算已经去掉了5万元，还有的5万元要保证其余40场讲座的支出，可能还不够支付讲师费用，而其他费用，如宣传、会场布置、讲座刊物等还需要10万元。因此，讲座的实际支出与预算相比，至少会缺口10万元，所以，在这项工作中，需要寻找企业资助或者合作者，目标是弥补10万元的资金缺口。

其实，通过对讲座的成本核算，使这项工作的完成增加了一个过渡目标，即为资金缺口寻找合作者是完成讲座任务这个终极目标的过渡目标，一旦这个过渡目标得以确定，就成为完成终极目标的前置条件。因此，通过成本核算会将工作目标细化，及时发现目标完成过程中的问题，并针对这些问题在管理上寻找解决方案，有利于工作目标的完成。

2. 有助于控制预算支出

公共图书馆管理者必须时刻控制预算支出，防止完不成年度工作目标的情况发生。如果没有成本的概念和核算，就无所谓支出控制。因此，在上述这个例子中，还有一件事是馆长、部门负责人等管理者需要注意的，就是每场讲座的支出控制。如果把讲座的每一子项的支出都核算清楚，则在使用中就会非常明了。如果预算已经超支，则必须通过什么节省的方法和途径把预算降下来；如果宽裕，则是否可以增加一场有分量的讲座，炒作一把，或者正好需要增加什么纪念活动的展览，把资金调整一部分到展览上去。一般来说，通过成本核算，在图书馆工作的总体上总是上半年把预算控制得较严，而在具体工作任务上总是前半部分把预算控制得较紧，以防止因其他突发原因造成预算突破和失控，如任务增加、物价上涨等。

3. 有助于争取经费追加

通过成本核算的方式和核算结果，可以从一个角度说明图书馆年度预算的科学性和合理性。事实上，所谓年度预算，也是对年度工作任务在经费支出上有一个预计，所以预算也可以认为是一种简单的成本核算。经费争取和预算追加总需要用数据来说明问题，因此也需要进行成本核算。通过成本核算可以计算出保障完成图书馆全年工作任务应有的资金需求；通过与年度预算的比较以及图书馆利用情况的数据，反映出图书馆的服务效益情况；再与国内、国外的公共图书馆相比较，就构成了争取经费的有力依据。

4. 有助于确定收费标准

成本核算在公共图书馆组织收入方面的作用可能显得更明显一些。既然是组织收入，首先是不能亏本。对某一项收费服务的收费标准，需要报物价部门进行核准，取得收费许可。在申报收费标准时，必须通过成本核算，计算出盈亏平衡点，才能在盈亏平衡点上确定收费标准。例如，在免费开放政策出台前，有一阵业内讨论公共图书馆的复印收费问题，不少专家都说收费高了。所谓收费的高与低，一是与市场价格相比，二是与成本相比。与市场价格相比的做法符合社会平均利润的理论，但有一个前提，企业是自主经营，即如果按照市场价格会引起企业亏损，企业可以自主决定不提供这个产品或服务。而公共图书馆提供复印服务，是信息服务中的必需，不存在根据盈或亏而决定是否提供的问题，因而，根据成本决定收费有其合理性。在算清成本之后，由审批部门决定批准是按成本价格收费还是按市场价格收费，如果市场价格低于成本，而政府又决定按市场价格收费，则应由政府在年度预算中对公共图书馆进行价格补贴。确定收费标准的反向操作是通过成本核算确定盈亏，有些项目的盈亏并不像我们以为的那样，而必须通过成本核算才能够知晓。

5. 有助于彰显服务效益

服务效益的计算离不开成本核算，因为与投入与产出一样，效益与成本是紧紧联系在一起的。公共图书馆的所有服务其实都可以计算效益。杭州图书馆就探索建立了效益评估体系，在这个效益评估模型中，通过假设建立前提，进行成本核算，得出了杭州图书馆各项服务的成本和效益数据，彰显了杭州图书馆的服务价值。

单独统计某馆某时有多少到馆读者、花费多少支出并不能考量该馆的效益，凡效益都是在比较的前提下才能体现高低的。因此，通过成本核算，纵向可以自身比较，横向可以进行图书馆之间的比较。在横向比较时，比较愿意采取与全国（或某一地区、某一类）的平均水平比较，可以避免两馆相比较而造成的尴尬（具体后文还会涉及）。但这种比较，一般都需要用相对数，即平均成本、单位成本，否则，可比性就可能不大。

6. 有助于进行项目决策

成本核算在公共图书馆决策中的作用属于管理会计的范畴，一般在事前进行。公共图书馆的服务提供有一个显著特点是：一旦决定提供某种服务，就必须长期提供，已经养成利用某项服务习惯的读者绝不答应公共图书馆随便取消已经开展的这个服务项目。因此，公共图书馆在决定提供某项服务时，都需要考虑服务长期提供的问题，一定要在事前进行成本核算，以衡量自身的资源是否能够长期支撑。如果这项服务必须提供，而自身资源又不足以支撑时，就需要事先有所准备。

典型的例子是公共图书馆延长开放时间。从现在来看，国内许多公共图书馆都实行每天 12 小时开放，全年没有闭馆日。但事实上，在为公共图书馆核定人员编制时，是按正常的作息时间计算的，因此，公共图书馆如果从原来每周闭馆一天、每天开放 8 小时，调整到取消闭馆、每天开放 12 小时，实际上是增加了 75% 的开放时间。从一方面来说，延长开放时间，不仅方便了读者，而且可以认为相当于节省了 75% 的建设成本（相当于建造了一个原来馆舍规模 75% 的图书馆）；但从另一方面来说，增加 75% 的开放时间，在运行成本（水、电、物业管理等）和人力成本上也会大量增加，其中，运行成本增加会超过75%（晚间用电更多）、人力成本增加会低于75%（一线以外的人员不完全与此有关），而在人力资源上，需要考虑的不仅是资金问题，还有专业问题。比如原来编制就紧张、人员不足，不增加编制势必需要外聘临时人员（或合同制职工），还有就是专业人员的排班是否可以排得过来，是否会影响其他服务的开展，不增编制只增经费行不行。如果这些问题都思考清楚了，那么对是否延长开放时间、如何延长开放时间等就会形成解决方案。

对于决策中的成本核算，至少在目前还不受公共图书馆管理者的重视，即使公共图书馆的上级管理部门有时也不重视。我们回顾一下历史上的几次基层图书馆建设运动都以失败告终的原因，就可以发现在设计这些工程或者项目时，管理者都没有思考基层图书馆建立以后的长期运行需要多少资源的问题，以及如何获取这些资源以支撑基层图书馆的可持续发展问题，这使得从一开始就埋下了失败的根源。虽然造成基层图书馆建设运动失败的因素还有不少，但从决策中没有建立资源长期支撑的制度来看，决策时成本核算的缺失应该是失败的重要原因。

（三）公共图书馆成本核算的常用方法

成本核算的方法多种多样，必须根据单位的性质和核算的目的来应用。例如，工业企业与商品流通企业会采用不同的成本核算方法，即使同样是工业企业，因产品不同、生产过程不同、生产方式的不同也会选择不同的成本核算方法。

1. 完全成本法

完全成本法是将产品生产中所产生的直接材料、直接人工、变动制造费用与固定制造费用全部计入产品成本的一种成本计算方法。对公共图书馆来说，所谓产品成本就是信息产品或者服务的成本。单位编制对外报告需要采用完全成本法，公共图书馆在完整反映单位效益时，应该使用完全成本法。

2. 变动成本法

变动成本法是相对于完全成本法的一种成本计算方法，它将全部成本按经济职能划分为变动成本和固定成本两大部分（如遇到混合成本则需要进行分解），只对其中的变动成本进行核算的方法。

完全成本法和变动成本法反映的是不同的成本关系，计算出的成本结果也不相同，不存在替代关系，因而在成本核算中，两种方法需要同时使用。例如，公共图书馆外聘教师开展社会培训，成本的组成主要有教室费用、办公费用、工作人员工资、讲师课时费、水电费用等，如果按完全成本法核算成本，是将本期培训班发生的所有开支（教室费用、办公费用、工作人员工资、讲师课时费、水电费用等）全部作为成本，在对外报告时（出具财务报表）应该这样核算成本。如果按变动成本法，教室费用、办公费用、水电费用是固定成本，工作人员工资是混合成本（可以分解成固定成本和变动成本）。就固定成本而言，只要开设培训班而不管开什么培训班都一定会发生，与用几间教室相关，而与开多少班、招收多少学员无关。因而，在用变动成本法核算成本时，固定成本并不计算在内，对开设培训班来说，变动成本法关注的是讲课费成本和人员工资分解后的变动部分，以及学员数量和收费标准。

3. 本量利分析法

所谓本量利，是指成本、业务量、利润三者的关系。本量利分析法是以成本性态分析为基础，研究企业在一定期间内的成本、业务量和利润三者之间内在联系的一种专门方法，包括公共图书馆的所有机构和组织，当需要进行某项决策时，成本核算就是项目取舍决策的重要手段，开展成本核算并采用科学的方法就成为项目成败的关键。

第三节　公共图书馆的危机管理

公共图书馆是一个社会公共领域，在其发展过程中也必然会遇到各种各样的危机事件。这种危机事件不仅来源于环境的各种变化引发的公共图书馆与环境间的不适应性，也包含公共图书馆自身矛盾运动所引发的各类问题。

一、公共图书馆危机管理的特征

当前，随着信息环境的数字化、网络化不断发展，人类信息获取方式正在发生前所未有的突变，人们的服务意识也空前提高和觉醒，人类正面临"信息爆炸性增长与知识贫乏"的悖论困境。社会信息环境的剧烈变化和公共图书馆自身矛盾运动引发的各类问题，都要求我们强化公共图书馆的危机意识，加强对公共图书馆的危机管理研究，促进公共图书馆适应环境的发展要求并进一步实现跨越式的发展。

所谓公共图书馆危机管理，实际上就是针对公共图书馆发展演化过程中可能面临的各种危机制订各种危机管理预案，并对公共图书馆运行中出现的危机因子和危机事件从发生到消亡全程全面监控处理的管理理论与管理实践。

对公共图书馆危机管理的定义进行分析不难发现，该定义明确体现了以下特征：

（一）系统性

它既涉及危机产生前根据系统矛盾运动的分析预测及危机处理预案制订问题，也涉及公共图书馆实际运行中的危机征兆识别和已经出现危机的处理问题，必须对公共图书馆危机进行系统分析与统筹安排，否则就会出现管理方面的疏漏。

（二）动态性

不同时间、不同地点、不同实体公共图书馆的危机类型应该也会体现出不同的特点，尤其是随着时间的不断演化，不同阶段所表现出来的危机更是有着非常大的区别。因此，在进一步对公共图书馆制订危机管理方案的过程中，必须在一定程度上能够适应这种动态性的变化要求。

（三）全程性

所谓的全程性，实际上就是对公共图书馆危机事前、事中、事后所进行的有针对性的、较为全面全程性监控处理的一种具有连续式的链条可以说这是一个非常系统的工程，它并不等同于一些单一的危机处理，当然，从一定程度上来说，也不能等同于一些较为简单的危机公关。

（四）实效性

所谓的时效性不仅应体现在危机事件出现时，更要体现在危机还没有爆发时。它主要包括危机管理的组织、制度、流程、策略、计划、决策等，涉及培养危机意识、组建职能部门、侦测并处理危机因子、建立危机预案和预警系统、处理危机事件、危机恢复、事后总结经验并学习改进等诸多方面的内容。

因此，公共图书馆在有针对性地进行危机管理时，不仅要从一般危机管理理论与实践中汲取非常充分的营养，同时还必须考虑到关于公共图书馆危机管理自身具有的独特性，从而制订出能够符合公共图书馆自身实际的危机管理预案，构建相应的危机管理系统，从而实现危机管理的有效性。

目前，国内的公共图书馆危机管理主要停留在理论探索层面，相应的实践还相对较为薄弱，显然，没有实践维度的公共图书馆危机管理研究并不是完整的，也是无法持续下去的。若想有效地改变这种现状，当务之急就是合理地传播公共图书馆危机管理理念。只有这样，公共图书馆危机管理的实践才能不断健康生长，理论维度的存在才有一定的必要。

当然，这两个维度之间是存在一定的密切联系的，它们并不是处于一个孤立的状态，公共图书馆危机管理实践是危机管理理论的一个重要基础，公共图书馆危机管理理论是危机管理实践的提炼升华，只有二者实现相应的互动，公共图书馆危机管理的价值才能真正得以明确地体现。

二、公共图书馆危机管理的内容

（一）树立正确的危机观和危机管理观

危机观实际是对危机的一种基本认识和总体看法，只有树立了正确的危机观，才能够在一定程度上形成正确的行为模式。一般而言，正确的危机管理观主要包括以下几个方面：

第一，危机管理常态化。危机管理并不是只有在危机爆发时才会存在，它是一种对危机因子和危机事件从发生到消亡全程全面监控处理的管理思维、管理方法、管理实践。所以，真正有效的危机管理，就是在危机还没有爆发时，是一种较为常态化的管理。常态化的危机管理要求树立危机管理意识，要将危机管理融入日常管理中，要有对危机的前因后果进行管理的敏感，以及建立科学的应对策略。

第二，危机管理的重点要由危机应对转向危机预防。通过危机预防可以及时发现危机因子，把存在的危机隐患及时地予以消除。

第三，危机决策要考虑多维因素。对于危机而言，不仅具有事实属性，也具有文化属性，所以，在对危机进行相应的管理时，必须充分考虑到伦理规范、价值观、文化心理、公众认知等多方面的因素，不能用简单的因果思维进行决策。

第四，危机管理要有合作意识。在危机管理过程中，要有与国际国内相关组织、协会、项目以及企业、政府、社区、民众合作的意识，构建大危机防范系统。

第五，危机管理中要正确处理与媒体的关系。在信息时代，媒体是舆论的重要引导者，是社会的守望者，是主流价值的支撑者，所以，公共图书馆在对待媒体的时候应该持有一个正确的态度。要及时改变过去那种仅把媒体当作应付对象的观念，积极与媒体进行沟通。通过它们发现存在的一些问题，将危机因子及时消灭于萌芽状态；一旦危机爆发时，要争取得到媒体的情感支持，共同引导舆论的发展。同时，对于媒体的不实报道必须及时地进行纠正，争取主动。总而言之，要处理好与媒体的关系。

（二）公共图书馆危机管理的基础工作

公共图书馆危机管理的基础工作具体是指贯穿危机管理全过程的相应管理工作，它具体包括沟通管理、媒体管理、记录管理三大方面。

1. 沟通管理

有助于及早发现问题，树立良好的组织形象，有助于提高危机管理的效度。它包括内部沟通和外部沟通，其管理内容主要有沟通的对象、目标、原则、计划、方法等。各公共图书馆应在实践中探索适合自己的沟通模式和方法，防止忽视沟通、沟通不力、沟通失误、沟通致危等情形的出现。

2. 媒体管理

媒体管理的主要内容包括：组建职能机构或指定负责人，确定媒体管理的目标和原则，挑选培训新闻发言人，收集分析媒体相关报道，及时处理媒体所反映的问题，与媒体保持密切联系，利用媒体发布信息、重塑形象，引导不利舆论向利己方向发展，利用媒体向政府表达公共图书馆的合理诉求等。

3. 记录管理

记录管理可以保存大量的数据、事实、资料、文件等，它可作为危机因子分析和危机决策的依据、事后的奖惩凭据、必要时的法律证据，它也有利于客观评估危机管理。记录管理需要对调查记录、评估记录、计划记录、培训记录、危机事件记录等分类、存档、入库，及时将结果反馈给危机管理的相关系统。

（三）公共图书馆日常危机管理

公共图书馆日常危机管理实际上是指在公共图书馆日常工作中对潜在的危机因子进行相应的管理，以预防危机的发生，并建立危机反应和恢复预案，以减小危机事件给公共图书馆造成的损失，提高公共图书馆的危机恢复能力。

公共图书馆日常危机管理的内容包括以下方面：

1. 指定负责人员

由于公共图书馆发生危机的频率不像企业那么高，因此，国内公共图书馆几乎都没有设立单独的危机管理职能部门。这不能片面地说公共图书馆没有危机管理意识，其实从经济性上讲，公共图书馆单独设立危机管理部门成本太高，容易造成人力资源浪费。

我们认为，比较好的一个方法是，由公共图书馆的一位高层领导来负责危机管理，由其从各部门灵活抽调危机管理人员完成日常危机管理工作。而一旦危机事件爆发，也是由其召集各部门相关人员，组建危机管理小组，负责危机处理和善后。这样一来，既能够合理推进危机管理进程，又对危机管理成员的日常工作不会造成太大的影响。

2. 调查评估危机因子

调查评估危机因子主要是调查公共图书馆有哪些潜在危机因子，评估这些危机因子转化为危机事件的频率、概率、影响群体、影响大小等。

调查评估危机因子可以使用两种方法进行：一是历史发生法，即该馆曾经发生过哪些危机，造成的影响怎样，是由什么危机因子导致的；二是行业对比法，即公共图书馆行业及相近行业曾发生过哪些危机，影响怎样，危机因子是什么。

当然，除了上述提到的两种方法以外，也可以适当地使用定性方法和定量方法进行，如头脑风暴法、德尔菲法、危机晴雨表法、现场考察法、数学方法、统计方法、计算机方法等。

总之，能够准确客观地进一步调查评估危机因子，是做好危机反应和恢复预案的重要基础。

3. 建立危机反应和恢复预案

所谓预案，有时也称为应急预案，是针对可能的重大事故（件）或灾害，为保证迅速、有序、有效地开展应急与救援行动，降低事故损失而预先制订的有关计划或方案。

在制订预案前，应对可能爆发的危机进行分类(可参照前面的危机分类方法)、分级(如突出级、关键级、难以解决级等)，然后根据危机特点设立不同的预案。

公共图书馆反应预案必须明确在危机发生之前和发生之中，谁负责做什么、何时做、怎么做，以及相应的策略和资源准备等。编制格式和方法可以参考国家发布的《国家突发公共事件总体应急预案》。

在恢复预案的编制中，则要明确确定危机恢复对象，并进行重要性的排序，明确危机恢复目标、资源分配、人员配置、经费预算、奖惩标准等，注重危机恢复中的相关协调沟通。

这里应注意的问题是：危机管理预案要富有弹性，对备选方案要排定优先次序。几种危机并发时要优先解决关键危机，将危机预案印成文件或手册发给相关人员并进行有针对性的培训。

4. 开展培训演练

公共图书馆危机培训的对象既有公共图书馆高层领导，又有普通馆员、读者。通过培训演练，可以增强人们应对危机的能力，发现危机预案中的不足。

具体来说，可以合理运用的培训方法主要有：在职培训法、工作指导培训法、授课法、案例法、角色扮演法、行为模拟法、电脑化指导、电教培训、演习等。

5. 建立危机预警系统

危机预警系统是指组织为了能在危机来临时尽可能早地发现危机的来临，建立一套能感应危机来临的信号，并判断这些信号与危机之间关系的系统，通过对危机风险源、危机征兆进行不断的监测，从而在各种信号显示危机来临时及时地向组织或个人发出警报，提醒组织或个人对危机采取行动。

危机预警系统由危机监测子系统、危机评估子系统、危机预报子系统构成。公共图书馆可根据自身特点选择建立电子预警系统、指标预警系统、联合预警系统等。

6. 进行危机预控

如果预警系统发出了预警信号，就应立即进行危机预控。危机预控的目的是在危机发生前或将要发生时对危机进行处理，及时排除全部或部分危机因子，如果不能阻止危机的发生，就要采取措施减少危机爆发造成的损失。

危机预控的策略主要有四方面：排除策略、缓解策略、转移策略、防备策略。

（四）公共图书馆危机事件管理

公共图书馆危机事件管理具体是指公共图书馆危机事件发生时，对危机所进行的有效性管理。它具体包括四方面：组建危机处理小组、调查评估并确认危机、启动（调整）危机反应预案或重新制订危机处理方案并实施、危机发展态势跟踪监控处理。

1. 组建危机处理小组

由负责危机管理的高层领导根据具体的实际情况，从所需部门调配相关的人员，从而组成危机处理小组，明确各自具有的相关职责、任务，特别要确保危机中信息沟通的顺畅。

2. 调查评估并确认危机

由危机处理小组的成员对危机事件进行初步的调查，运用现场勘察法、询问法、文献调查法进一步弄清危机事件的经过、原因等，评估危机已经造成或将会造成的破坏、损失，确认危机的类型及涉及的范围。

3. 启动（调整）危机反应预案或重新制订危机处理方案并实施

如果危机类型是预案中已有的，就需要及时启动或调整预案。如果危机并不在预案范围内，那么必须紧急制订危机处理方案，然后有条不紊地予以实施。在这个过程中，一定要处理好与内外部公众、媒体、公安、消防、气象、地震、防汛、文教等部门，以及兄弟公共图书馆、文化遗产保护组织、国际防灾减灾组织等的关系，以不断加强公共图书馆的反应能力。

4. 危机发展态势跟踪监控处理

有些危机具有持续性的特点，它会随着时间、事件、介入主体的变化而不断进行一定程度的蔓延，所以，这就需要对危机发展态势随时进行相应的跟踪监控，并予以妥善的处理。

（五）公共图书馆危机后续管理

公共图书馆危机后续管理是指危机处于持续阶段或快结束或已经结束时所进行的管理，包括：组建危机恢复小组、调整或重新制订危机恢复计划、危机管理评价、危机案例和危机管理评价的存档和运用。

1. 组建危机恢复小组

危机恢复是在危机持续阶段或危机将结束或结束后开始的，它所需要的人员、所涉及的机构可能与危机处理不一样，这就需要组建专门的危机恢复小组。危机恢复小组具有临时决策机构的性质，在危机恢复变为各部门的日常工作后就可解散。

2. 调整或重新制订危机恢复计划

由于危机造成的具体破坏往往与危机恢复计划有出入，所以，一般需要调整危机恢复计划。如果发生的公共图书馆危机未在预先制订的恢复计划之列，就要根据具体情况，重新制订危机恢复计划。

3. 危机管理评价

危机管理评价内容包括对危机管理基础工作、日常危机管理、危机事件管理、危机后续管理全方位的评价。评价要做到信息准确、实事求是、客观公正、全面系统。各公共图书馆应根据自己的实际选择评价方法，如定性评估法、定量评估法，完善评价指标体系。危机管理评价是公共图书馆对自身存在问题及危机管理漏洞进行反思的重要阶段，它可以促进公共图书馆进行深层次变革，确保公共图书馆的可持续发展。

4. 危机案例和危机管理评价的存档和运用

利用危机管理中的记录管理成果，梳理总结危机案例，使之上升成文档，然后与危机管理评价一起存档或入数据库。这些资料不仅可以为日后的危机管理提供参考，也可作为危机管理培训的素材。同时，公共图书馆还可将这些危机管理案例和评价与兄弟公共图书馆分享，以提高共同应对危机的能力。

三、公共图书馆危机管理的原则与策略

危机是由于形象、管理、信誉、服务、设施、待遇、不可抗力等因素引起的可能对公共图书馆造成负面社会影响的突发性事件。不同诱因/动因、不同类型/性质、不同趋势/演变的危机有不同的处理方法，应对策略不可能千篇一律。但是，任何危机的发生、发展、平复都有些许共同的特点与可资遵循的科学原则，这些原则构成了公共图书馆危机管理的策略架构。随着网络技术的飞速发展，我国公共图书馆面临着读者流失、运营不畅等诸多

问题。基于现代信息环境，明确阐述公共图书馆面临的危机管理原则，并相应地提出一系列关于公共图书馆危机发生的对策，具有一定的现实指导意义。

（一）公共图书馆危机管理的原则

1. 统筹安排原则

公共图书馆危机管理是一个系统工程，单个危机事件的出现都可能涉及千头万绪的矛盾累积。因此，解决任何一个危机问题都应该采取系统工程方法，综合地统筹安排，才有可能把危机解决得较为彻底，并符合公共图书馆本身的发展要求。

一般来说，从系统角度考虑公共图书馆危机的解决方案，应做到以下几点：首先，要明确危机的产生根源是什么，主要矛盾是什么；其次，要弄清楚与危机产生相关联的因素、因素间的关联作用以及这些因素的可能发展变化；最后，从系统的总体目标入手，把危机作为启动系统创新发展的契机，制订危机的长远解决方案。

在公共图书馆危机解决过程中，一定要贯彻"提升危机意识、预防为主"的基本策略。因此，公共图书馆应该重视在危机发生前从机制上做好防范工作。在危机的诱因还没有演变成危机之前将其平息，而不是等到危机对公共图书馆组织形象、公共关系造成损害的时候再采取行动。如果是那样，公共图书馆所付出的代价就是十分惨痛的。要做到对危机有效预防，就需要有防患于未然的危机意识。这种危机意识的树立，不仅是对公共图书馆领导层来说的，还必须从上至下贯彻到公共图书馆的每一个员工，并要将这种意识上升为组织文化，使其成为全馆上下的自觉行为。有了这种忧患意识，有了这种为国家财产和读者利益高度负责的社会责任感，就一定能激发危机管理的自觉行动，就能在危机管理的全过程一丝不苟地做好机构设立、预案准备和完善、人员培训、安全监测、安全监控等全方位工作，使"预防第一"真正落到实处。

2. 重点差异原则

公共图书馆事业的发展过程中，单个公共图书馆实体由于各种条件的差异，产生的危机也是千差万别的。有的危机主要来源于管理制度的缺陷，有的可能来源于经费的紧缺，有的可能来源于技术上的瓶颈，有的可能来源于优秀人才的流失，有的可能来源于资源结构的不合理，有的可能来源于服务水平与服务内容的短缺，还有的可能是诸多可能原因的综合，如此等等。

因此，公共图书馆在进行危机预案研究时，必须清楚本组织的主要矛盾是什么，与此矛盾相关联的一个或多个因素是什么，然后按照重点差异原则进行分析，对不同的危机给予不同的关注度并有针对性地设置不同的危机预警等级，以便于采取不同的危机处理模式。

在重点差异原则的指导下，要注意的是对微小的危机不予重视的极端，树立"正视任何问题积极主动"理念。事无巨细，只要成为危机，公共图书馆首先要做的事情就是必须意识到危机已经发生了，要采取积极的态度正视问题。典型的莫如国家公共图书馆的"巴金赠书事件"，由最初的否认到部分承认再到最后对事件的回避态度，除了暴露出国家公共图书馆在危机管理上存在的诸多问题外，更是将国家公共图书馆置于社会舆论严重不满的境地，使国家公共图书馆在危机处理中完全丧失了先机和主动权。

由此可见，当危机发生时，无论面对的是何种性质、何种类型、何种起因的危机事件，公共图书馆都应该正视存在的问题，积极主动地予以处理，即使起因不在己方，也应该首先消除危机事件所造成的直接危害，从舆论和心理上赢得社会公众的认同，为危机的妥善解决营造良好的氛围。

3. 因地制宜原则

由于公共图书馆危机的产生根源不同，即使是相同的根源在不同时间、不同地点所表现出来的危机形式也可能千差万别，因此，要根据实际情况，具体问题具体分析，因势利导，具体问题具体处理。为此，在制订危机预案时，我们一方面要充分汲取早期已经发生的各种危机的处理办法；另一方面应该结合本馆的实际情况，制订切实可行的危机预案，并且留有一定余地，为危机的灵活处理预置相应空间。

当危机已经发生时，具体因地制宜地处理危机时，要树立以下一些基本理念：

第一，及时果断和快速反应理念。即当危机爆发时，公共图书馆除了在态度上要表现得积极主动、正视问题外，在行动上也必须做到迅速有效，在短时间内及时对危机事件采取有力措施予以处理，避免由于延迟可能给公共图书馆带来更大损失。

第二，真诚沟通理念。即公共图书馆在遭遇危机时，应该积极与外界（尤其是各类媒体）保持信息畅通，及时回应各种报道，不能弄虚作假，遮遮掩掩，同时要注意发布的各种信息必须保证前后一致。

第三，公众至上理念。即在危机处理过程中，公共图书馆应该将公众利益置于首位，更多地关注公共图书馆用户的处境，而不是考虑如何摆脱危机给公共图书馆带来的责任，这是由公共图书馆的公益性质决定的，同时也是公共图书馆重塑组织形象、及早从危机中恢复过来的有效对策。

第四，注重后效理念。注重后效理念，包括两方面：一方面，既要着眼于当前危机事件本身的处理，又要考虑到公共图书馆良好形象的树立和未来的长远发展，不能只关注眼前利益的维护，而应着眼于全面的、整体的、未来的高度进行处理；另一方面，在危机过后，公共图书馆要对危机的影响进行评估，总结危机处理的经验教训，从危机中认识公共图书馆自身系统的弊端和局限性，从而提升管理的科学性和规范性，并从危机管理中取得多重效果和长期效益。

4. 互助协作原则

公共图书馆危机的具体产生可能是公共图书馆的某一部门，如读者服务部门、公共图书馆典藏部门、公共图书馆咨询部门，但危机的具体处理应该是公共图书馆各部门共同协作解决。因此，互助协作原则应该是公共图书馆危机处理的基本策略。

建立全国性的公共图书馆危机管理协作互助组织，整合行业的力量来共同防御、应对危机，减轻危机对公共图书馆人员、馆藏等造成的损害。同时，要对遭遇危机的公共图书馆施以援助，帮助其迅速从危机中恢复过来。危机过后，要对危机管理的经验教训进行总结与分享，这对其他公共图书馆防控类似危机的发生、检查内部管理缺陷也具有十分重要的意义。在这一过程中，公共图书馆学会、学术团体、联盟机构等应该发挥自身的领导组织作用，积极组织并参与互助活动，为公共图书馆危机管理合作的开展提供组织上的保障。

此外，公共图书馆还应该积极参与多元主体共同组建的危机管理协作网络。无论是发生在某个具体公共图书馆的危机事件，还是大规模地波及整个社会的恐怖袭击、疾病、自然灾害等威胁，除了作为主体的公共图书馆要积极投入危机应对工作以外，还需要来自公共图书馆外部其他组织机构的相应帮助，如交通运输部门、物资供应部门、电信管理部门、灾害处理专家等。

5. 防范为主原则

防范为主，最有效的管理是阻止危机的发生，因而"预防"被理论与实践认为是危机管理的最高境界。

任何公共图书馆都不敢说自己没有危机隐患，现在没有过去有，过去没有将来也会有，别的公共图书馆的危机可以成为自己的前车之鉴。如果一个公共图书馆一点危机感都没有，那么当危机真的来临时，就会手足无措，无应对之招，各机构就会形同散沙，组织体系在大的危机面前就可能崩溃，不可能形成众志成城、全体馆员共同抵抗危机的凝聚力。有人认为，公共图书馆危机管理并不重要，理由是相对于其他行业，公共图书馆发生危机的可能性很小，即使发生也容易化解。然而，他们却没有认识到，这种侥幸心理正是所有公共图书馆危机的根源所在，危机的结果是公共图书馆的公信力受到质疑，社会形象受到损害。

6. 预判报警原则

预防危机的关键是"预警"。通过有效的预警工作，可以使公共图书馆及时发现和鉴别危机征兆、前瞻危机的态势、改变信息的不对称性、提出危机管理的预案。

综观国内发生的公共图书馆危机事件，普遍存在预警失误问题，主要表现在：对危机预警的意识不强，对危机发生的预见性不足，对危机预警信息利用不完整，对公共媒体公关的预警不利等。

由于危机意识是防范与应对危机内涵层的思想观念，因此，提高预警水平，必须使全体公共图书馆馆员有危机感，只有居安思危，才能未雨绸缪，从而具备对危机的预见性。"预警"是公共图书馆危机管理的重中之重，为此应有针对性地成立危机预警管理小组、制订预警管理计划、构建预警指标体系，还应该不断完善预警信息系统、确定预警级别、开展预警培训。

7. 快速反应原则

从危机事件本身的特点来看，其爆发的突发性和极强的扩散性决定了应对危机必须迅速、果断。危机的发展具有周期性：酝酿期—爆发期—扩散期—消退期。

与之相适应，危机的破坏性往往随着时间的推移而呈非线性爆炸式增长。越早发现危机并迅速反应控制事态，越有利于危机的妥善解决。如果危机降临在公共图书馆时，有关领导和部门人员还按传统的惯性思维考虑问题，按部就班，慢条斯理，力求四平八稳，就会错过解决问题的最佳时间。

8.坦诚沟通原则

危机的本质是权利和利益的博弈，其外在表现形式就是双方情绪的对立。解决危机就是要通过交流、磋商使双方在权利、利益方面达成某种程度的妥协，从而平息对立的情绪。

第一，公共图书馆在危机发生后，要有完善的内外部沟通渠道，做到内情外送、外情内递、上情下达、下情上传。如果没有信息收集、传播的渠道，或者有而不通，就无所谓"沟通"。

第二，沟通要坦诚，要以诚相待，基本的要求就是"说真话，立即说"。说真话，就是要向公众、媒体、权威部门、行业组织、调查组讲清事件的来龙去脉，表明真实的观点，提出具体的实实在在的解决问题的建议，"无可奉告""不明白""不知道""不好说"等答疑方式都会被认为是说假话；立即说，就是要在第一时间让各方面听到公共图书馆正规渠道发布的权威信息，掌握话语权，还能以正视听，使流言、谎言不攻自破，使谬误报道得以纠正。

9.承担责任原则

是否遵循责任承担原则，实质上是考验陷入危机中的公共图书馆对于组织利益选择的不同态度。危机发生后，公众关注的焦点往往集中在两方面：一方面是利益的问题；另一方面是情感的问题。毋庸置疑，"利益"是公众最关心的内容，尊重公众权益是处理危机的前提，危机到底给公众带来了多大的不便和利益损害，公共图书馆采取什么样的措施对公众进行补偿，这是必须考虑的。

危机事件往往会造成公共图书馆利益和公众利益的冲突激化，从危机管理的角度看，无论谁是谁非，公共图书馆都应该主动承担责任。如果公共图书馆为了面子，为了保护短期的利益而牺牲公众利益，将社会责任束之高阁，必将付出更大的代价，必将在危机的进一步发展中束手无策。具有强烈责任感、使命感的公共图书馆，必然会在危机中以公众利益为重，在尊重事实的前提下，勇敢地担负起应有的责任，为重新树立公共图书馆社会形象做铺垫。这种做法，与其说是危机给公共图书馆带来了挑战，不如说是为公共图书馆创造了新的发展机遇。

10. 配合协同原则

危机管理要重视协同因素的意义，必须从组织、制度与机制上保证协同效应得到发挥。

11. 口径一致原则

对危机事件要专项管理，提高效率，还要保证发布信息的一致性、标准性。因为，不同立场的说辞，不同意思的表达会有欲盖弥彰之感，而正确地统一公共图书馆的对外口径等于统一公共图书馆的舆论出口，确保发布的信息客观、严谨。

第一，公共图书馆要成立相关的媒体应对机构，安排专门的办公场所，负责接待媒体来访。

第二，确保有足够的对事件发生、发展了如指掌的人员从事对媒体的服务工作。

第三，制定信息发布的原则、组织制度和相关纪律，并在一定程度上拟定信息发布的内容框架。

第四，指定新闻发言人回答媒体的提问，除非迫不得已，其他人员不接受媒体采访。新闻发言人一般由熟悉政策、了解情况、有一定决策权的具备应变知识与应变经验的公共图书馆领导者担任。无特殊情况，新闻发言人中途不要更换。

第五，在回答媒体质询时，对于不能马上回答，或难以应对的问题，可以采取"正在调查""很快会有结果"等巧妙方式回避，以争取时间共同研究决定，切忌"不知道""还是不知道""无可奉告"等回答。

12. 经验总结原则

历史的经验值得吸取。公共图书馆发生危机并不可怕，可怕的是"好了伤疤忘了疼"，得过且过，不去认真、全面地总结经验教训，使得危机隐患得不到消除，甚至危机事件一再发生。要举一反三，防止危机的再次发生，公共图书馆就必须深挖危机的根源，探析危机的产生机制和演变规律，研究公共图书馆危机的共性与特性及其相互联系。

在此基础上，公共图书馆要采取有效对策，把危机管理真正纳入日常工作，对危机隐患标本兼治。公共图书馆还应采取危机演练对策，评估危机管理系统的各部分能否有效实施，衡量在危机状态下公共图书馆的运行情况及适应性，发现问题，及时改善。

（二）公共图书馆危机管理的应对策略

1. 公共图书馆危机管理策略构建的必要性

公共图书馆属于公益性服务机构，需要不断与外部发生作用以得到良好发展。进入现代信息环境，网络技术和计算机技术得到了深入发展，使得公共图书馆逐渐向着数字化、网络化、多元化发展。但是，公共图书馆在现代社会也面临着信息安全危机、版权危机和服务危机等问题，严重制约了公共图书馆的科学发展，阻碍了公共图书馆朝着数字公共图书馆方向迈进。基于此背景，本文将探讨公共图书馆危机管理应对策略，期望能够促进公共图书馆公益性、文化性的稳步发展，使读者能够享受公共图书馆提供的便捷服务。

2. 现代信息环境下公共图书馆的危机

（1）安全危机的威胁

随着全球信息化建设的深入推进，各种信息安全事件频繁发生，网络环境存在着诸多安全隐患。

据调查分析，公共图书馆 80% 以上的信息安全威胁来源于内部网络，包括读者个人信息的窃取、馆藏信息的篡改和期刊的恶意下载等。这是由于公共图书馆内部工作人员缺乏安全意识和有效的应对方法，不同的工作人员也没有严格的权限制度进行把关，很多公共图书馆工作人员经常在内部网络的计算机终端上随意插拔外部移动设备，甚至恶意盗取大量宝贵的读者隐私信息。外部非法人员则采用非法入侵的方式，将计算机病毒植入公共图书馆内部网络的计算机终端上，自动窃取数据信息。这些信息安全危机带来的问题不仅涉及个人隐私权益的保护，严重的还会威胁到国家和社会的安全稳定。

由此可见，虽然我们享受着网络技术带来的快捷和方便，但是周围随时存在着多种信息安全威胁，使得公共图书馆处于信息安全危机之中。

（2）版权危机的威胁

公共图书馆在采购图书的过程中，经常由于工作人员的失误使得馆藏图书和文献存在各种版权问题，由此使得公共图书馆在提供服务时会出现侵权行为。而且，人为因素更促进了盗版图书和文献市场的发展，严重侵害了版权人的根本利益。

因此，公共图书馆在采购图书的过程中应该严格遵守各项规章制度，防止将盗版图书和文献收录到馆藏资源中，同时应该加大检查管理的力度。如果发现盗版图书的存在应该立刻对其进行处理。公共图书馆的资源共享系统在建设过程中也容易出现版权危机，非法传播盗版电子图书和期刊文献的现象较多，公共图书馆之间互借音像制品、非法刻录音像制品都容易引发版权危机。为了能够有效防止公共图书馆版权危机的出现，公共图书馆主要采取的是加强自身管理的方法提高工作人员的版权意识，但是对于读者借阅图书文献的行为却无法控制。

然而，普通读者并不具备良好的公共图书馆专业知识，自身也缺乏版权保护意识，一些无意行为经常引起公共图书馆产生版权危机。例如，很多读者会在短时间内大量下载学术文献，或者下载一本期刊的全部文献，这些都属于恶意下载行为，甚至导致公共图书馆不能使用期刊数据库，给公共图书馆带来了较大的负面影响。

（3）服务危机的威胁

公共图书馆的服务危机，主要指的是在某种特定情况下，一些因素制约了公共图书馆的服务发展，转变了公共图书馆的服务理念，使得公共图书馆没有始终处于读者第一、服务至上的运行状态中。

目前，很多公共图书馆确实存在服务质量较差的情况，这是由于部分公共图书馆工作人员职业素质不高、服务意识较差、工作态度不积极等原因造成的。服务危机在公共图书馆领域普遍存在，尤其是在现代信息环境下，导致公共图书馆的服务危机出现了更多的问题。满足读者的各种需求是公共图书馆的服务理念，但是，现代科学知识创新发展速度飞快，读者已经远远不仅限于学习书本上的知识。特别是随着平板电脑和笔记本电脑的出现，读者对于电子图书资源的需求日益增加。公共图书馆的电子图书资源丰富，信息检索方便快捷，成为众多读者的第一选择。然而，很多读者仍然无法满足公共图书馆提供的传统服务。由于互联网具有便捷性和开放性等优势，逐渐受到了更多读者的青睐，读者可以通过博客、论坛等通信工具随时随地进行交流沟通，这些都是公共图书馆传统服务不能够提供的。

3. 现代信息环境下公共图书馆危机解决对策

（1）安全危机的解决对策

由于网络安全危机的传播速度快，短时间内就会导致安全事件范围扩大，由此，公共图书馆的网络危机应对需要较强的专业知识，设置专门的机构和人员负责管理公共图书馆内部网络安全，由专门人员负责抵御网络危机的发生，并在网络危机发生时及时采取应对措施。由于网络危机随时随地都有可能发生，原因涉及公共图书馆日常运行管理的各个方面，而且公共图书馆部门和科室设置较多，一旦出现了危机问题难以分清责任，容易出现互相推脱责任的现象，如果设置专门机构负责管理信息安全危机，就会有专门的技术人员负责管理和维护，从而有效避免网络危机发生时各个部门相互推脱责任的情况出现。

当公共图书馆发生网络危机问题时，关键的不是当危机发生时能够采取有效的应对策略，而是应该在危机初期就能够消除安全隐患。由此，公共图书馆的信息安全管理部门应该对内部网络进行实时监测，尽量在危机初期或者还未形成危机时就将安全隐患完全清除。

公共图书馆的信息安全管理部门对内部网络的监测除了要保证防止计算机病毒和木马程序的入侵之外，还要定期查询相关网站，抑制网络危机苗头的产生。通过各种搜索引擎定期对公共图书馆的服务类型和服务内容进行关键词搜索，查阅相关网络评论信息，一旦发现问题要及时上报公共图书馆领导，避免负面信息在互联网中广泛传播，引致网络危机的发生。同时，信息安全管理部门还应该及时更新防火墙系统和相关网络设备，升级杀毒软件系统，保证公共图书馆内部网络的安全稳定。

（2）版权危机的解决对策

公共图书馆不仅应该对内部工作人员加强版权教育，还应该积极向社会群众普及版权保护知识。公共图书馆可以设置单独的版权咨询部门，定期到社区开展图书版权保护教育讲座，使群众能够广泛了解版权保护知识和相关法律法规。公共图书馆可以聘请部分版权法律师到社区讲解典型图书版权案例，逐步加深社会群众的版权保护意识。

因此，公共图书馆对于版权问题应该非常重视，对新入职的员工要组织开展专门的版权知识教育活动，在投入实际工作之前就使他们拥有良好的版权保护意识。研究证明，公共图书馆对新入职的员工和社会群众开展版权教育培训活动，能够有效防止公共图书馆版权危机的发生。公共图书馆版权危机问题不能够全部归结于法律法规的不健全，也不能完全归结于个人的私利目的。公共图书馆应该及时检查公共图书馆相关制度的设立是否合理，是否能够抑制或减少版权危机的发生，并不断完善公共图书馆相关制度规定。

目前，我国法律法规的修订和完善对于版权保护问题非常重视，公共图书馆应该单独建立版权管理部门，由专门的工作人员负责处理版权问题。由于版权问题经常涉及多个领域，因此，版权管理部门要多向法律专家、计算机技术专家咨询，积极为公共图书馆的版权危机管理工作提供有效帮助。

（3）服务危机的解决对策

解决公共图书馆的服务危机首先要对内部工作人员进行服务危机教育，使工作人员充分认识到自己的岗位职责，加强服务意识，树立危机观念，积极主动地为读者提供相关服务，及时帮助读者解决在公共图书馆遇到的各种问题。

由此，不但能够有效提高公共图书馆的工作效率，还能够帮助公共图书馆树立良好的社会形象。当工作人员面对读者提出的相关建议和意见时，应该虚心接受、友好回应，将问题及时反馈到领导层，使读者在短时间内能够得到满意的答复。

因此，提高公共图书馆工作人员的危机服务意识是进行服务危机管理和应对的基础条件。要保证公共图书馆的科学发展，必须提高其服务创新意识，创新意识也是保证公共图书馆提供良好服务、取得优势地位的关键。因此，公共图书馆应该采取一些方法，使公共图书馆的服务方式逐渐向多样化、个性化方向发展，尽可能满足每一位读者的需求。

同时，公共图书馆还可以组织开展图书推荐活动、读者论坛活动和学术讲座活动等，活动的开展也不能仅限于公共图书馆内部，而是要主动走向社区居民，主动贴近普通大众，使每个人都能够到公共图书馆吸收科学知识，为社会群众提供一个相互交流、相互学习的平台。公共图书馆除了要提供丰富的服务类型，还要满足每一位读者的个性需求，这就要求公共图书馆工作人员要积极与读者沟通和交流，分析读者的图书阅读习惯和个人喜好特点，利用网络技术和庞大的资源信息满足读者的个性化需求。打破传统公共图书馆只注重个别重点读者的需求，只要是到馆交流学习的读者，工作人员都要竭尽所能满足其切实需求。随着信息技术的飞速发展，公共图书馆之间也产生了强烈的服务竞争，这也带动了公共图书馆服务方式的创新发展。

综上所述，现代信息环境下，我国科学技术得到了前所未有的快速发展，但也使得公共图书馆面临着各种各样的危机问题。通过对公共图书馆信息安全危机、版权危机和服务危机进行深入研究，上文总结了危机产生的原因和带来的影响，提出了针对以上几种危机的管理建议和策略，具有一定的现实指导意义。

四、公共图书馆危机预防、控制、处理与恢复

（一）公共图书馆危机预防

公共图书馆作为一种社会文化建制的存在，其生存往往为社会制度所维持，体制的相对稳定性使公共图书馆各种潜伏的问题容易被忽视，日积月累形成危机隐患。

公共图书馆应该重视在危机发生前从机制上做好防范工作，在危机的诱因还没有演变成危机之前将其平息。通过以上对公共图书馆产生危机的原因、主要的危机类型以及引发危机因素的分析，我们认为对公共图书馆危机防范应该从以下几个方面进行：

1. 公共图书馆危机预警系统的建立

预警系统是公共图书馆防范危机最有效的工具，作为一种防范机制，它可以保证在第一时间内告知管理层，公共图书馆将要出现的问题和可能发生的危机，使公共图书馆有时间做好准备，主动应对。

因此，公共图书馆应从制度上构建一个能够识别危机的信息系统，它能够合理运用科学的方法，预测公共图书馆内外部不稳定因素的发展趋势，监测其演变过程，并在危机发生前发出警报，从而帮助公共图书馆制定危机防范措施，最大限度地减少危机的发生或降低危机带来的损失。

2. 增强日常安全管理

在日常工作中，防微杜渐，把诱发危机的苗头连根除掉，这是危机管理的最高境界。纵观公共图书馆的危机事件，许多都是因为在日常的工作中粗心大意、过于自信、疏于防范所造成的。

因此，在公共图书馆的工作实践中，要防止危机、遏制危机，必须在日常工作中时刻保持对自己所处的内外部环境通盘了解和清晰认识，洞悉可能诱发危机的潜在因素，切实加强日常管理，削减甚至避免危机发生的可能，这可以从以下几个方面入手：

（1）从组织角度入手。优化公共图书馆的组织结构设计，进一步明确各部门的职责与分工，建立高效率的管理机制，规范各项制度，尽量避免因责权不明、奖惩不公、互相推诿等因素造成的人为性危机。

（2）从人员角度入手。大力培养员工的爱馆、荣馆意识，不断地提高对公共图书馆的归属感，使公共图书馆的凝聚力得到有效增强。

（3）从沟通角度入手。保证馆内信息渠道的及时畅通，一旦有危机萌芽，可很快反映到公共图书馆管理层，便于他们迅速决策，将危机削减或控制在初始阶段。

（4）从环境角度入手。优化外部环境，加强与社会各界的联系，并保持良好的关系，维护公共图书馆良好的信誉和公众形象，提高利用外部资源应对公共图书馆内外危机的能力，减少危机发生时来自外界的、可能的放大或冲击效应。

3. 普及安全知识和应急常识

开展工作人员和读者培训、演练，通过讲座、图片、宣传片、安全知识与应急手册、公共图书馆网站等形式对工作人员及读者进行培训，还可邀请消防部门、公安部门、计算机专家等进行培训和现场指导，适时组织员工和读者进行演练，增强广大员工和读者的危机意识，提高他们面对危机的心理承受能力、专业技能和应变能力。一旦危机来临，则能全馆统一部署，各部门协同作战，保证各项应急工作高效有序地进行，最大限度地减少危机带来的损失。

（二）公共图书馆危机的控制

1. 事前做好预防

事前预防是一种常见的公共图书馆危机管理模式，这种防患于未然的工作在平时的工作当中是能够不断提升管理工作者的危机意识。要求公共图书馆管理人员时刻都保持高度的警惕，只有在日常的工作当中时刻保持着危机警惕性，才会对随时发生的危机进行处理，一旦真的遇到危险情况，才不会乱了阵脚。

2. 发生危机时的处理措施

一旦发生危机的时候，急需有关人员在可控的时间范围内做出正确的决定，这就对于工作人员的个人素质要求极高，只有在日常的工作当中将一些危机意识储存在脑海当中的工作者才能够具有瞬间想出危机处理对策的本能，遇到危机不慌张，谨慎地处理，将危机所可能造成的损失降到最低。在可控的时间范围内，将危害尽量减到最小，将危机的影响尽量缩小化。

3. 危机控制后的处理措施

当危机处理过后，有关参与危机处理的相关工作人员应当仔细地去找出自己的不足，看看自己在面对危机的时候是如何处理的，这种处理方式存在哪些不足和缺点等，并将缺点和不足都根据情况进行修复。让处理危机队伍这个整体在危机当中学会如何处理，最大限度地降低公共图书馆资料的损毁程度，尽快地让公共图书馆恢复到应有的状态当中。如果出现危机，危机过后对于问题的分析也是非常重要的，只有不断地在挫折当中吸取经验才能够不断地进步。

（三）公共图书馆危机的处理与恢复

1. 公共图书馆危机的处理

公共图书馆危机发生之前，要做好危机的防控工作，而当危机隐患穿越"封锁线"，爆发为真正的危机时，公共图书馆首先要做的事情就是必须意识到危机已经发生了，要采取积极的态度正视问题，积极主动地予以处理，消除危机事件所造成的直接危害，不能试图在心理上和行动上拒绝面对现实，这样不仅会延误处理危机的时机，使公共图书馆各方面的运作陷于被动局面，而且有可能引发更大的危机，给公共图书馆带来难以预料的损失。这是由危机的突发性、紧迫性特点所决定的。

危机一旦爆发，危机潜伏期所积蓄的危害性能量就会在很短的时间内被迅速地释放出来，公共图书馆一方面要面对强大的舆论压力——这包括媒体对危机事件的扩散效应、公众对危机信息了解的迫切愿望等；另一方面又必须对危机事件间的传导效应进行及时的遏制，否则容易导致更大危机的产生。

因此，在危机发生的第一时间里，公共图书馆必须以最快的速度成立危机处理机构，调集接受过危机培训的专业人员，配备必要的危机处理设备或工具，以便迅速调查、分析危机产生的原因及其影响程度，了解危机事态的进展情况，进而全面实施危机处理计划。在危机处理过程中，公共图书馆应该将公众的利益放在首位，更多地关注公共图书馆用户的处境，而不是考虑如何摆脱危机给公共图书馆带来的责任，要设身处地为公众考虑，勇于承担责任，树立诚信负责的社会形象。

2. 公共图书馆危机的恢复

公共图书馆危机处理后，危机基本得到控制，但并不意味着危机管理过程已经完结，而是进入一个新的、重要的管理阶段。因为，危机事件总是要给公共图书馆带来一定的有形和无形的损害和危害，此时危机管理需要：一方面，将公共图书馆的运作恢复到危机前的状态；另一方面，危机恢复管理是公共图书馆获得新的发展的前提准备，从而为公共图书馆新一轮发展提供契机。

因此，要努力做好善后重建工作，最大限度地挽回危机造成的损失和影响。可以采取以下措施：

（1）启动恢复预案或调整恢复预案，进行恢复所需的人、财、物的准备。

（2）求助专业恢复机构，对馆舍、古籍及一般文献、计算机设备及系统进行相应的修复。

（3）重塑公共图书馆形象。在危机事件平息后，公共图书馆应该调动一切力量，尽力弥补危机所带来的消极后果和负面影响，把善后工作踏踏实实地做好做全，最大限度地挽回因危机而失去的形象和声誉，重新树立公共图书馆美好的公众形象。

（4）对危机进行调查评估。每一场灾害都应该引发对公共图书馆现有政策和程序的重新审视，以便从中吸取教训，使类似灾害发生的可能性降至最小。有时，公共图书馆能够将一场灾害转化为自身的优势。例如，低质量的设施引发的火灾或水灾可以使公共图书馆获得建设新的更高级建筑的资金；公众的同情心以及公共图书馆与所属机构的通力合作有可能带来对公共图书馆有利的舆论报道和成功的资金募集活动的开展；而对公共图书馆现有支持者的培养则可以带来长期的效益。

（5）恢复中警惕危机次生、衍生、再生。在公共图书馆危机恢复中，要时时关注内部与外部信息，不可麻痹大意，警惕次生危机、衍生危机、再生危机。上述危机管理较多地侧重于对公共图书馆危机事件的应对和解决，实际上，危机管理应该针对危机的潜伏状况及突发情形开展一系列活动，应该对危机形成、发展及消除过程中所涉及的一切因素进行管控。危机管理是一种系统的管理，公共图书馆危机管理工作的开展需要从源头抓起，以尊重科学管理为前提，通过建立专业化、系统化的管理平台，以提高公共图书馆的管理水平为切入点，通过增强公共图书馆的核心竞争力，从根本上达到预防和应对危机的真正目的。这需要建立一个集战略管理、人力资源管理、公共关系管理、品牌管理、公共图书馆组织文化管理等于一体的危机管理体系，将公共图书馆危机管理作为一项系统工程进行建设。反应迅速、调控灵活的公共图书馆危机管理系统一旦建立和完善起来，我们就能遇变不惊，处之泰然。

第四节　公共图书馆的人力资源管理

一、公共图书馆人力资源管理概述

随着社会经济的发展，人的决定性作用日益凸显。人们越来越认识到人力是一种资源，是社会活动中具有特殊重要意义的因素。就公共图书馆而言，拥有一支优秀的馆员队伍比拥有一套《四库全书》重要得多。因而，公共图书馆的管理必须以人为中心，要为馆员创造一个良好的成长环境。如何吸引人才，留住人才，造就一支高素质、高凝聚力的员工队伍，将成为事业的关键。

（一）人力资源管理与人事管理的区别

早期对人的管理被称为人事管理，是人力资源管理发展的第一阶段。人力资源是指一个单位拥有的可用于生产活动的潜在的劳动力。人力资源是所有资源中最有生产力、最多才多艺也最丰富的资源。公共图书馆的人力资源主要是指馆员，但也包括了馆外可利用的人力资源，如志愿者、外聘专家、合作伙伴等。

人力资源管理是对人力资源进行有效开发和合理配置的一系列制度和方法的总和。在

20 世纪 50 年代初至 60 年代初，人事管理开始向人力资源管理转变，这种转变适应了后工业化时代经济和社会发展的要求。从人事管理到人力资源管理，不仅是名称的变化，而是在管理理念和实践上发生了根本性变革。现代人力资源管理与传统的人事管理有着本质的区别，人力资源管理更具有科学性、长远性、全面性和战略性。

1. 将员工视为组织最重要的资源，使人力资源管理与组织发展密切结合在一起

传统的人事管理将人看作是一种成本，是被管理、被控制的对象。人事部门是一个辅助的管理部门，只进行人员配备及管理，如招聘、调配、工资福利管理等重复性的事务工作，因而，它在组织中的地位不高。现代人力资源管理则将人看作是组织中最重要的资源，承认员工是组织发展的第一位资源，是一种高于自然资源、资本和信息等资源之上的主导性资源，是组织最宝贵的财富。人力资源管理成为组织战略管理中不可分割的重要组成部分，直接关系到组织的成败。人力资源管理与组织发展战略密切相关，成为组织管理者的主要职能之一。

2. 着眼于未来，注重人力资源的预测、规划和开发

传统的人事管理关心的是眼前问题，如为组织补充人员、考勤、考核、发放工资等，强调的是组织成员的现状，只注意使用现有人员的现有才能，很少进行长期的人力资源的预测、规划和开发。人力资源管理则不同，它不但要考虑目前人才的需要和人员的配备，而且更着眼于未来，重视人力资源的规划与开发。它要根据组织的长远发展战略、目标和任务，预测组织对人力资源的需求，并采取各种措施来满足这种需求，如提供各种形式的培训和发展机会。它把在吸引人才、培训人才和激励士气方面的投入当作一种重要的投资，更多地考虑如何开发人才的潜力，增加人力资源的储量，以不断提高组织的效率。

3. 管理的范围更广泛，内容更丰富

传统人事管理的范围较为狭窄，主要针对正式组织。而现代人力资源管理的范围已从正式组织扩大到非正式组织，包括团队，员工与用户、员工与其他组织合作者之间的利益共同体，上层领导与下层员工为重构组织所需的合作体等。传统人事管理的内容较为简单，主要从事人员录用、考核、奖惩、工资管理等业务，而且这些业务往往是被分割的。人力资源管理的内容则更丰富，除了传统人事管理的各项业务外，还增加了许多新的工作内容，

如人力资源规划及预测、人力资源的开发及培训、员工的业绩评估及奖励、员工的沟通与参与、疏通员工的交往渠道、寻求激励员工的方法、创造愉快的组织环境及文化气氛等。它要求将组织的所有人员，甚至包括能为组织所用的组织以外的人力资源，如图书馆志愿者，进行统一的规划、预测及安排，制定恰当的选拔、培养、使用、调配、激励等政策措施，以充分开发人力资源，调动员工的积极性和创造性，增强组织活力，提高组织效益。

4. 体制及方式更加灵活，特别重视培养员工对组织的认同感、责任感及自我管理的能力

传统的人事管理一般将组织中的员工看作是被动的工具，他们的存在是为了满足组织工作的需要。与工作相比，员工是次要的，地位是附属性的。因而在管理活动中，比较强调管制、监控等方面的功能，对组织中的员工进行刻板、严格的监督和控制，员工很少有机会参与组织的重大决策及管理事务。相反，人力资源管理将组织中的人作为组织发展的主体，人与工作相比，人具有广泛的能动性，他们拥有不同的知识和技能，能够主动适应不同种类与性质的工作需要，完成组织的工作任务。因此，人力资源管理注重的是塑造组织人才成长的环境，确立员工在组织中的主体地位，发展激励、保障、服务、培训等引导性、开发性的管理功能。人力资源管理采用的是灵活的管理体制和更加人性化的管理方式，它希望组织的不同部门要用系统的方法有效运作，同时朝着组织总目标的方向一致努力，使人力资源为实现组织的目标做出更大的贡献。它相信员工、关心员工、爱护员工，重视培养员工对组织的认同感、责任感和使命感，使员工与管理层建立良好的关系，形成命运共同体。它强调创造各种条件，尤其是新的组织文化的氛围，让员工参与组织的决策与管理，采用各种自我指导和自我管理的措施，充分发挥员工的积极性、主动性和创造性。

（二）公共图书馆人力资源管理的目标及任务

图书馆人力资源管理是指运用科学方法，对馆员、馆外志愿者等进行合理的培训、组织和调配，同时对他们的思想、心理和行为进行恰当的诱导、控制和协调，以实现图书馆目标的过程。简而言之，指图书馆人力资源的获取、整合、保持激励、控制调整及开发的过程。具体而言，即公共图书馆通过对人力资源要求的分析，不断地获得人力资源；通过招聘、选拔、安置和提升，把人力资源整合到组织中；通过考评和确定报酬，保持和激励

他们对组织的忠诚与积极性，控制他们的工作绩效；通过培训和培养，开发他们的潜能，以支持组织目标的实现。

根据定义，可以从两方面来理解图书馆人力资源管理。一方面，把人力看成是资本，对人力资源外在要素——量的管理。对人力资源进行量的管理，就是根据人力和物力及其变化，对人力进行恰当的培训、组织和协调，使二者经常保持最佳比例和有机结合，使人和物都充分发挥出最佳效应。另一方面，把人力看成是资源，对人力资源内在要素——质的管理。主要是指采用现代化的科学方法，对人的思想、心理和行为进行有效的管理，包括对个体和群体的思想、心理和行为的协调、控制和管理。它要求管理者从理念上尊重人，从制度上关心人，为员工及志愿者等创造良好的工作环境和生活条件，注重人的心理与行为特征，注重调动人的主观能动性，使人的潜力得以充分发挥和利用。

其实，公共图书馆还应该把馆员当成客户。一方面，馆员与公共图书馆之间存在着雇佣的契约关系；另一方面，公共图书馆提供的服务来自馆员的工作效率和素质，服务质量和工作效率高低的关键在于是否具有一支优秀的馆员队伍，这支优秀的馆员队伍发挥出积极性的前提是他们对这个图书馆满意，他们的需求能够得到满足，他们的个人价值能够实现。因此，公共图书馆应该把馆员当成客户，为他们提供"产品"和服务，让他们满意，从而提高馆员的忠诚度和责任感。

1. 公共图书馆人力资源管理的目标

公共图书馆人力资源管理的基本目标，简要来说有三方面：第一，保证组织人力资源的需求得到最大限度的满足；第二，最大限度地开发和管理组织内外的人力资源，促进组织的持续发展；第三，维护与激励组织内部的人力资源，使其潜能得到最大限度发挥。具体而言，即根据图书馆发展的要求，通过有计划地对人力资源进行合理配置，搞好图书馆员工的继续教育和人力资源的开发，以培养高素质全面发展的员工队伍；通过采取种种措施，激发图书馆员工的积极性，让图书馆员工能充分开发潜能、自我激励，发挥最大的主观能动性，做到人尽其才、才尽其用；通过岗位绩效薪酬制度使人与事相宜、事与职匹配，人、事、职能效益达到最大化，优化图书馆的工作，提高服务效益；通过建立团队学习文化，增强图书馆的凝聚力，使图书馆成为不断进步、优质服务的公益文化机构，最终满足民众的精神文化需求，实现公共图书馆的使命。

2. 公共图书馆人力资源管理的任务

公共图书馆人力资源管理要求管理者针对图书馆的特点做好选人、育人、用人与留人的工作，包括图书馆人力资源规划、招聘及聘用、岗位安置、培训开发、绩效考核、薪酬福利政策、组织文化建设等内容。

公共图书馆人力资源管理的主要任务有：第一，通过规划、招聘、组织和调配等方式，吸引及选聘适当的人才，保证图书馆有一定数量的专业人员，满足图书馆事业发展的需要；第二，通过各种方式和途径，有计划地加强现有员工的继续教育，不断提高其科学文化知识和专业技术水平，不断增强其能力；第三，结合员工的具体职业生涯和发展目标，搞好对员工的选拔、使用、考核和奖惩，做到及时发现人才、合理使用人才和充分发挥人才的作用；第四，采取各种措施，包括组织文化建设、构建学习型团队、沟通和激励等方法，开发员工的潜能，激发员工的积极性，提高工作绩效，提高馆员对图书馆的忠诚度。

二、公共图书馆从业人员的管理

公共图书馆服务的专业性对图书馆员的职业素养提出了专业化要求，反过来说，馆员的职业素养决定了提供服务的专业化程度。因此，专业化馆员队伍是公共图书馆履行职责、完成使命的重要保证。而建立科学合理的执业入口——招聘与图书馆专业岗位相匹配的专业人员，同时建立继续教育制度使馆员队伍的专业素质在新形势、新技术下与时俱进，是图书馆建立专业化馆员队伍的两个主要途径。

（一）图书馆从业人员的职业资质

职业资质也称职业资格，是一个人从事某种职业所需要的专业知识和基本技能应该达到的相应水平，以及应该具有的职业能力和职业经验。

职业资质不同于职称，职称是知识能力的综合反映，是对知识能力的垂直比较，可划分不同等级，不同行业间具有可比性。职业资质则是针对具体行业而言，是就个人知识能力同行业要求相比较，不同行业不具可比性。现在国家实行的职业资质证书制度，是劳动就业、用人制度的一项重要内容。职业资质证书表明劳动者具有从事某一职业所必备的学识和技能，是劳动者求职、任职，甚至是企业开业的资质凭证，是用人单位招聘、录用劳动者的主要依据，也是境外就业、对外劳务合作人员办理技能水平公证的有效证件，由此可见职业资质对职场从业人员的重要性。要想获得个人职业生涯的发展，每个职场从业人员都应当具备相应的职业资质，以期进入更高层次的职业境界。

任何一种职业都有特定的知识与技能。对于公共图书馆从业人员而言，其职业能力主要体现在以下方面：

1. 系统掌握图书情报专业知识或其他学科专业知识

从学科专业知识来看，根据公共图书馆的工作职能，它既要对文献进行收集、组织和整理，又要从事文献的传递和使用工作，还要开展参考咨询和策划讲座、展览等读者活动。所以，公共图书馆既要有图书情报专业的人员，又要有其他各学科专业造诣比较深的专业人才。两方面的人才各有所长，只有使这两方面的人才实现有机组合，达到优势互补，才能卓有成效地开展图书馆的各项工作。

2. 掌握现代信息技术

随着信息技术的发展和它在图书馆的广泛应用，图书馆员的首要任务就是要了解计算机硬件和其他网络设备的开发平台，了解各种操作系统及应用软件的功能、结构、安装和使用技术，能够熟练掌握和操作各种图书馆服务软件。此外，还要能运用多媒体技术，为读者提供图、文、音一体化的信息服务。尤其是图书馆计算机系统及网络维护人员，更要系统掌握计算机软硬件专业知识。

3. 有一定的英语水平和汉语表达能力

由于大多数信息技术界面的信息交流都采用英文，目前网上信息 90% 以上是英文信息，因此，图书馆员只有掌握一定的英语知识，拥有一定的英语水平，才能熟练查阅国外文献资料，充分利用网上信息为读者服务。此外，图书馆工作中要处理大量中文信息，还要与各种各样的用户打交道，语文能力显得非常重要。图书馆员只有具备准确流畅的汉语表达能力和过硬的文字功夫，才能较好地与用户沟通，才能准确、清晰、简明地撰写各种报告、综述、文摘、书评、工作总结以及较高水平的研究论文。

为了对图书馆专业人员的上述的职业能力进行综合评估，图书馆职业资格认证制度应运而生。图书馆员职业资格认证制度也称为图书馆员职业资格证书制度，其中包括图书馆职业准入制度。该制度是按照国家或图书馆行业组织制定的职业技能标准和任职资格条件，通过政府主管部门认定的考核机构，对图书馆从业者的技能水平和任职资格条件进行考核和鉴定，对考核合格者授予相应的证书。获此证书者，就获得了从事图书馆职业的资格。在国外，图书馆聘用从业人员普遍实行职业准入制度；而在国内，由于种种因素，图书馆聘用从业人员还没有实施职业准入制度。

（二）从业人员的继续教育

公共图书馆从业人员的继续教育是指对在职专业技术人员和管理人员，为适应其岗位工作的需要而进行知识增新、补充的教育。不断变化着的图书馆发展环境要求图书馆员不断地完善自身的知识结构，提高自身的创造能力和专业技术水平。开发图书馆现有人力资源的主要途径就是继续教育，开展继续教育是公共图书馆队伍建设的重要内容，其任务是使接受教育的图书馆员的专业知识和业务能力不断得以更新、补充、拓展和提高。公共图书馆可根据从业人员的不同状况，采取脱产学习、在职进修、远程培训等多种形式，实现包括新知识、新技术、资格证书、专业证书等在内的全员继续教育。

1. 继续教育的开展途径

（1）加强培训教育。加强培训教育即通过教学的方法对馆员进行培养和训练。培训教育的组织形式多种多样，既有补缺性质的培训班，又有提高性质的研究班；既有针对工作环节（流程、岗位）的专题培训班，又有更新内容的短训班；既有围绕某一新技术、新标准的学习班，又有系统学习业务的进修班等。对于公共图书馆，培训教育是一项长期工作，需要做到有长远规划、短期计划，既有系统性又有针对性，可采取在职与脱岗相结合、走出去与请进来相结合、课堂授课与操作实践相结合等不同方式进行，比如在开展参考咨询、信息推送、阅读推广、用户调查等相关课程时，更加重视实践操作。另外，在网络环境下，开展网上远程培训教育也是一种常用方式，这种以网络为基础的教育培训方式，不受时间和空间的限制，不影响正常工作，易被广大在职馆员所接受。

（2）实行岗位轮换。岗位轮换指的是馆员通过调换多个工作岗位以获得培训。实行岗位轮换可以培养馆员全方位的工作能力，激发馆员的潜质，改善馆员的知识结构，强化馆员的适应能力，增强馆员的整体观念，是提高馆员经验和能力的基本手段。一般来说，它最适合于新员工熟悉工作，让新员工获得较宽的知识面和实践经验，对图书馆的各个工作环节都有所了解。其优点在于：一方面，有利于找到受训者的长处和弱点，以便安排合适的工作岗位；另一方面，对于潜力较大的馆员，通过在同一职级上轮流任职，可以培养其管理技能、积累管理经验，为以后晋升打下基础。此外，这种方法还适用于培养通才，在人员紧张的情况下，可以由合适的馆员胜任多项工作。但这种方法也有局限性，对那些业务精深或某一方面的专家并不适用。图书馆实行岗位轮换要掌握两条原则：第一，总体稳定、局部轮换的原则，轮换的人数不宜太多；第二，确定合理的轮岗周期，通常以 1～2 年为宜。

（3）馆际交流学习。馆际交流学习即通过馆际间的学术研讨、工作交流及人员互换学习等形式开展继续教育。各级图书馆学会是图书馆从业人员的行业组织，它能为在职图书馆员提供接受继续教育的平台和空间。各级图书馆学会不仅自己要组织学术交流活动，让它的会员参加专家讲座、专题研讨会、工作交流会等各种学习会议，而且要联合起来广泛合作，开展异地学术研讨、馆员课程培训、人员互换学习交流等方面的工作，让各地图书馆员全面掌握本专业的最新理论成果和业务进展情况，拓展视野，互相学习，相互协作，取长补短，提高学术水平和业务研究能力。

（4）自主性终身学习。自主性终身学习方式强调学习的自觉性和主动性，可以是一个人，也可以是一个小组。它具有学习内容和学习方式的灵活性、学习时间和学习地点的灵活性，并且更具有针对性，针对非本专业的馆员可以进行基础型学习，针对刚从本专业毕业的馆员可以进行实践型学习，针对老馆员可以进行补己所短的补充型学习。

2. 继续教育的开展内容

图书馆员的知识结构关系着图书馆服务的质量，关系着业务工作能否优质高效、规范科学。现代图书馆员的知识结构应是一种多元化的动态知识系统，继续教育是更新图书馆员知识结构的重要手段，职业道德、应知应会、服务礼仪等是其主要学习内容。

（1）职业道德教育。职业道德是指从事某一具体职业的人，在其工作岗位之上，从思想到行为应当遵循的道德规范和准则的总和。它既是对本行业人员在职业活动中的行为要求，又是行业对社会所负的道德责任与义务。良好的职业道德是做好一切工作的基础，也是对图书馆员素质的最基本要求。公共图书馆员的职业道德是由公共图书馆的使命、性质和任务所决定的，是与图书馆的社会地位、功能、权利和义务相一致的道德准则和行为规范。其主要内容包括职业信念规范、职业态度规范、职业技能规范和职业品德规范。

（2）应知应会教育。应知应会教育指的是专业技术知识和解决问题方法的学习。专业技术知识包括基础知识、采编知识、读者服务知识、信息技术知识等内容。这种学习强调有针对性地培养馆员的岗位操作技能、实践能力及解决问题的能力，如对图书馆编目岗位人员要进行"机读目录格式"和"文献编目规则"的培训，使其正确掌握文献编目的程序与规则；对图书馆信息部门岗位人员要进行参考咨询和文献检索培训，使其准确回答问题，善于开发文献。随着各学科的纵深发展，图书馆理论也在不断丰富和创新，如分类法、文献编目规则等都在不断补充、更新。管理者要根据图书馆员所在的不同岗位，及时对其进行专业技术知识的继续教育。对于图书馆中的管理人员和业务人员来说，除了学习专业技术知识外，学习解决实际问题的方法也是非常重要的。在实现普遍均等服务的公共图书馆，读者对图书馆有各种各样的需求，对图书馆服务的要求也越来越高，图书馆的管理人员如果不懂管理方法、缺乏必要的管理技能，会影响工作的开展；业务人员如果不具备解决实际问题的能力，在实际工作中会发生很多冲突和矛盾，会引起读者的不满和投诉。因此，对管理人员和业务人员加强应对实际问题的培训，可以教会他们如何解决工作中遇到的问题，提高他们解决实际问题的能力。

（3）服务礼仪学习。礼仪是指人们在交往过程中自始至终地以一定的程序和方式来表现的，对于自己行为的限制以及个体对于他人的尊重的完整系列行为。服务礼仪泛指服务人员在自己工作岗位上所应当严格遵守的行为规范。服务礼仪水平的高低，直接影响到图书馆的整体形象。图书馆馆员要能够很好地与他人交往，建立良好的人际关系，塑造自己及组织的良好形象，就需要遵循服务礼仪规范。服务礼仪的培训内容包括仪表、礼貌、礼节、仪式等规范的学习，馆员要通过培训，提高与用户沟通的能力，学会人际交往的方法与技巧。比如，如何更有效地表达自己的想法，如何做一个好听众，如何提出不同的见解，以及如何减少摩擦等。通过良好的沟通与交流可以及时了解用户的各种需求，及时弥补或消除彼此的隔阂，有助于问题的探究与解决，缩小与用户之间的距离，并逐步建立起彼此的互信机制，提高图书馆工作人员在用户心中的诚信。

3. 继续教育制度的建立与实施

从国外的经验看，提高图书馆从业人员的业务水平、保证新进人员具有基本的图书馆专业知识，最好的方法是开展图书馆专业的继续教育，并建立以图书馆学继续教育为保障的图书馆职业资格认证制度。由于我国图书馆行业一直没有实施职业资格认证，图书馆工作人员的继续教育工作尚缺乏强有力的制度保障。

现阶段，开展继续教育最主要的动力来自职称评审。参加和接受继续教育是专业技术人员的权利和义务，应该将专业技术人员各年度继续教育学习任务的完成情况，作为事业单位专业技术职务聘任、晋级和个人专业技术资格申报的必备条件之一。我国许多省市图书馆则具体规定，非图书资料专业的技术人员，需要转聘、晋升图书资料专业技术职称，必须参加图书基础知识培训，并通过考试，取得合格证书。已获得图书资料专业专业职称的人员如果要继续晋升，则每年必须参加继续教育，获得相应的学时，才能申报。这种关于继续教育的硬性规定，仅对需要晋升图书资料专业技术职称的人员有效，缺乏全面性与持续性。

为了确保继续教育工作得到彻底监督和有效落实，使公共图书馆所有工作人员参加继续教育得以正常化和规范化，必须建立和实施继续教育制度。公共图书馆要制定继续教育登记、统计、评估和奖励的具体规定；要把工作人员参加继续教育的情况纳入年度考核，与专业技术职务聘任和岗位轮换等结合起来；要对继续教育的内容及实施方法工作进一步研究，以确保继续教育在师资、教材、课程安排、在职人员的学习时间安排、学习辅导等方面有章可循。

（三）从业人员的职业生涯

职业发展又称职业生涯，是指一个人从确定职业目标开始，通过职业学习，从事各种职业，直至职业劳动最后结束的所有职业工作历程。在现代社会，个人的职业选择权不断加大，职业的变化趋势越来越强，人力资源不仅在不同的社会部门之间流动，即使在同一个组织中，个人职业的变化也不仅局限于从下向上的级别晋升，还表现在部门之间的调整、从上到下的流动等。因此，如何开发和管理职业生涯，走出一条宽阔的职业道路，成为图书馆人力资源管理中不可忽视的一项内容。

1. 从业人员职业生涯规划

职业生涯规划是指组织或者个人把个人发展与组织发展相结合，对决定个人职业生涯的个人因素、组织因素和社会因素等进行分析，制定有关个人一生中在事业发展上的战略设想与计划安排。简言之，职业生涯规划就是个人对其一生职业发展道路的预期和计划。比如，是往专业技术方向发展还是向行政管理方向发展？方向不同，职业发展历程就不相同。每个人要想使自己的一生过得有意义和有价值，都应该编制自己的职业生涯规划。

职业生涯规划与图书馆岗位设置管理紧密相连，良好的职业生涯规划可以使工作人员充分认识自我、感悟自我，从而择岗、定岗，并不断用组织的共同理想来修正自己的行为，使工作更加出色以求达到职业的顶峰。职业生涯规划需要通过个人和组织两方面共同协作才能完成，只有当组织的发展目标与员工的职业发展目标相吻合时，图书馆与馆员才会取得双赢。

（1）员工个人规划。员工在进行职业生涯规划时，首先要确立职业目标。职业目标包括长期和短期两种。通常情况下，这些目标与员工的期望职位、知识水平、工作设定、技能获得等方面密切相关。在设定目标之前，员工必须对自我与环境做出评估，使员工对自己的性格、兴趣、资质、技能和内外环境有一个充分的了解和现实的把握，从而理性地选择职业方向。在设定目标之后，员工必须选择实现这一职业目标的路径，如制订教育及培训计划、请求承担更大的责任、建立人际关系网络等，并对每一步骤的时间、顺序和行动方案做出合理的安排。

（2）组织协助员工规划。图书馆应当通过职业生涯规划指导工作，帮助员工制定切实可行的发展目标，在员工与组织目标之间寻求有效匹配与结合，既促使个人发展，又促进组织发展，并为员工提供必要的教育、培训、轮岗等发展的机会，促进其职业目标的实现。图书馆协助员工进行职业生涯规划需要做以下工作：

第一，图书馆进行人才盘存。人才盘存实际上是一种人力资源的规划活动。由于内部条件和外部条件在不断变化，图书馆发展的每一阶段都需要拥有与工作相适应的员工，这种适应包括员工的数量、素质要求等方面。人才盘存就是对组织内现有人力资源进行清点。通过盘存，图书馆可以全面了解人才短缺与富余情况，然后根据需要，制订人力资源发展规划。

第二，图书馆对员工进行测评。在员工进行自我评估之后，图书馆也要利用相关的信息对员工能力和潜力做客观公正的评价。

第三，与员工沟通。图书馆和员工之间应建立顺畅的沟通渠道。作为员工的一方，应增进对组织的了解，了解组织的人力资源规划、组织中存在的人员短缺情况、职业升迁机会、培训机会等情况，了解图书馆需要怎样的人才，了解自身与图书馆潜在的晋升机会、横向流动等规划是否匹配。作为图书馆的一方，应将晋升作为一种激励手段与员工进行沟通，让他们充分认识到组织对人才的重视及为他们提供的发展道路。在传递职业信息时，应注意公平性，要将职业选择上的各种机会公之于众，保证员工在各条通道上公平竞争、顺利发展。

2. 从业人员职务与职称的晋升

公共图书馆馆员的职业发展模式基本上是一种垂直运动，工作人员职业生涯道路都是由下向上层层晋升的，主要有两种：第一，管理职务晋升，即从普通业务人员到基层管理层，进而到中、高级管理人员的发展途径；第二，专业技术职称晋升，即从助理馆员到馆员、副研究馆员、研究馆员的发展途径。

图书馆工作人员按照工作岗位的不同，可分为管理人员、专业技术人员和工勤人员。其中，管理人员和专业技术人员是图书馆的主体。管理人员的职务差别主要体现在管理层次上，专业技术人员的差别主要体现在业务部门的不同上。大型图书馆的管理层次可能多一些，主要有小组负责人、部门主任、中心主任、副馆长、馆长等，中小型图书馆只需普通员工、中层干部、馆级领导三个层级就足够。一般来说，管理职务的晋升是层层向上的。

管理职务的晋升，包括馆领导的选拔任用、图书馆各部门（室）负责人及小组负责人的选拔任用。馆领导的选拔和任用，一般是按照上级组织部门的有关规定，根据有关选拔和任用领导干部的条件要求，经过一定的考核、选拔程序来产生，由上级主管部门任命和聘用。图书馆管理是否能够实现管理目标，以及管理过程是否顺畅，主要取决于管理者的素质和能力。与任何其他组织的管理者一样，图书馆的馆长应该德才兼备、年富力强；不仅要具备本专业的知识，而且要有其他方面的较为广博的知识。当好图书馆馆长重要的是有专业业务知识，不当外行馆长；更重要的是有管理才能，能够理论联系实际，实现管理创新；最重要的是有现代图书馆服务理念，有事业心和责任感，这样，才能无私无畏，正确决策。图书馆的中层管理干部是组织的核心力量，应该由热爱图书馆事业、有敬业和奉献精神、有责任心、有能力、品学兼优而且懂业务的骨干人员来担任，应该在对专业人员的德、能、勤、绩进行全面考评的基础上来选拔任用，也可以采取竞争上岗的方式，经过报名、演讲、面试、民主测评、组织考察等程序择优录用。小组负责人是图书馆的基层管理人员，一般从业务较优秀、有一定管理能力的工作人员中选拔，是成为中、高级管理人员的锻炼及起步阶段。

当图书馆工作人员在原有的工作岗位上经验和技能有了一定提高，有能力承担更大范围的责任，同时图书馆内部又有了职位空缺之后，可能会被晋升为基层管理人员。随着管理技能和工作能力的进一步提高，又有可能被晋升为中级、高级管理人员。但由于管理层人数的限制，不可能所有的工作人员都有晋升的空间，并且，对一些专注于自己的业务技术领域、希望在专业范围内获得进一步发展的人来说，管理职务的晋升并没有很大的吸引力。在公共图书馆，工作人员的各种待遇都与专业技术职称挂钩，只要有了职称，就会有相应的工资和奖金，由于职称的晋升更关系到个人的切身利益，也更能体现工作人员的业务能力和水平，因此，从业务职称方面向上提升成为图书馆员更加关注的发展模式。

我国从 20 世纪 80 年代开始设立图书资料业务职称系列，包括五个级别，即管理员、助理馆员、馆员、副研究馆员、研究馆员，明确规定晋升职称的主要依据是图书资料专业人员的学术水平、业务能力和工作成就。图书馆工作人员（包括编外合同制职工）可以按照国家有关图书资料专业各级资格条件来申报评审初、中、高级专业技术职称。申报评审各级专业技术职称的工作人员，必须具备国家规定的相应的学历条件和履职年限，必须具有相应的业绩和学术水平，要有一定数量的公开发表的专业论文和论著，这些都是申报评审各级专业技术职称必须具备的条件。

3. 图书馆编外人员的职业生涯

在目前公共图书馆普遍缺人的情况下，图书馆用了许多编外合同制职工，这些非正式员工主要承担图书馆的简单劳动，如典藏、外借和阅览的部分工作。这样的人员配置不仅节约了资金，同时也避免了高学历正式员工从事简单工作的人才浪费。

人是组织得以存在和发展的第一位的、决定性的资源，人力资源管理就是围绕人这一要素，为员工创造各种能充分施展才智的条件，提供各种机会，使每个人都能在一种和谐的环境中尽其所能。因此，图书馆也要重视编外人员的职业发展，要为编外人员建立职业晋升通道以及分配和奖励制度，不能因为身份原因让他们过早进入职业高原。职业高原就是指在个体职业生涯中的某个阶段，员工获得进一步晋升的可能性很小。在当前的职业生涯管理研究中，职业高原主要是指个体在职业生涯的峰点，是向上运动中工作责任与挑战的相对终止，是个体职业发展上的一个停滞期。一旦编外人员进入了职业高原，他会对工作感到枯燥、乏味，对自己未来的发展感到迷茫，对图书馆缺乏信心，导致工作效率降低，或者安于现状，或者离开图书馆。

为了防止编外人员出现过大的流动性，图书馆应该为非正式员工提供个人职业发展的空间与机会，使其工作与能力相匹配，让具备一定条件的优秀的非正式员工，在体制不变的情况下，能够在专业技术职称与管理职务上得到晋升，在实行不同的分配政策的前提下得到恰当的职业回报，激励非正式员工确立职业发展目标，努力工作，提高专业技能水平，争取获得与正式员工同样的工作满意度和职业成就感，从而赢得社会尊重。

（四）公共图书馆的岗位设置与竞聘

调动事业单位各类人员的积极性和创造性，具有十分重要的意义。在特定的组织中，在一定的时间和空间内，由一名职工承担若干项任务，并具有一定的职务、责任和权限时就构成一个岗位。对公共图书馆而言，在一定的时间内，当一名馆员承担若干项工作，并具有一定的职务、责任和权限，就构成一个图书馆岗位。岗位是图书馆工作流程的最小单位，是根据图书馆的目标、任务而设置的具体单元。岗位设置就是管理者在岗位分析研究的基础上，根据实际工作需要，进行岗位的合理安排与配置，以保证图书馆的正常高效运转。岗位设置管理是图书馆对人力资源进行合理配置、有效管理的基本制度，是图书馆公开招聘、竞聘上岗、岗位考核、岗位培训、收入分配的基础和依据，目的在于明确岗位职责，确定岗位之间的差异，制定执行者资质标准，达到人岗匹配，使人力资源得到充分利用。

公共图书馆作为提供社会公益服务的事业单位，需要遵循国家的有关政策，研究和制订适合图书馆行业特点和自身要求的岗位设置方案，要按照科学合理、精简效能的原则进行岗位设置，坚持按需设岗、竞聘上岗、按岗聘用、合同管理。

图书馆实施岗位设置管理的具体流程是：岗位分析—岗位设置（编制岗位说明书）—竞聘上岗（中层干部竞争上岗、职工双向选择）。

1. 岗位调查与分析

为了使岗位设置更加规范化和科学化，设置前要进行岗位分析。所谓岗位分析，是指对岗位工作的完成所需的有关技能、责任和条件等信息进行收集、分析与综合的系统过程。它包括：岗位名称分析、定员变动分析、工作规范分析、工作人员的必备条件分析等内容。具体地说，对某个岗位进行分析，应先从以下方面进行调查：岗位名称、具体的工作内容、岗位所在部门、从事这个岗位的人员应具备怎样的资格、采用何种手段完成岗位工作以及为何要采用这个手段、岗位职数。在调查的基础上，管理者可以通过访问员工的工作记录、工作日记、直接和员工谈话、发放问卷等途径来了解员工对岗位的认识、对岗位的需求和建议，从而全面掌握第一手资料，为合理设岗提供科学依据。

2. 岗位设置的基本原则

岗位设置是实施岗位设置管理的主要工作，内容包括确定内设机构的名称、数量及具体岗位名称、类别、等级、数量，编制岗位说明书。岗位要根据本馆的目标任务和未来发展需要，按照"总量控制、优化结构、精干高效、协调发展"的基本要求科学设置，要按照岗位的知识和技术含量、责任大小、工作繁简程度划分出岗位级差。设置内部组织机构是岗位设置的关键性基础工作。设置原则有以下方面：

（1）职责明确的原则。设置一个机构，先要明确它的职责范围，同类职责不能划归两个或两个以上部门来管理，以防止互相牵制，浪费人力、物力和财力；要将业务工作和事务工作相近、工作重复，责权相冲突的机构合并管理，不能因为需要安排某个干部而随意增设机构。

（2）责权相称的原则。机构设置实质上是权力分配的一种形式，这种权力分配是否合理和恰当，对图书馆的科学管理极为重要。因此，必须明确规定各部门的权限，对分工不清的机构予以调整。

（3）明确从属关系。向谁负责、负什么责，都要明确规定，一般地说，下一级的部门只向一个上级负责。在设置内设机构时，一定要明确从属关系，以避免多头领导，保证指挥畅通。

编制岗位说明书是岗位设置的核心内容。岗位说明书是对本单位各岗位承担的工作职责任务、岗位工作标准和各岗位聘用条件、要求的描述。岗位说明书既是招聘员工的依据，又是对员工的工作表现进行评价的标准，也是进行员工培训、调配、晋升等工作的根据。其中，岗位职责任务是解决做什么的问题，应列出岗位承担的全部工作项目，要求内容具体，责任落实；岗位工作标准是解决怎么做的问题，应列出每个工作项目要求达到的质量、数量的基本标准和完成的时限；岗位聘用条件是解决谁来做的问题，应以完成本岗位工作所需的资格、资历、学识、技术和能力等为前提，以岗位工作需要为依据，符合本单位人员的实际状况。

3. 人员的竞聘上岗

竞聘上岗是指事业单位根据单位岗位设置实施方案和岗位聘用工作规定，按一定程序择优选拔工作人员的过程。竞聘上岗是市场经济对于干部选用的最本质要求，图书馆推行竞聘上岗有利于激发馆员的内在潜力，有利于人才的锻炼与培养，有利于加强内部的科学管理。公共图书馆开展竞聘上岗一般分两步走，先进行中层干部竞争上岗，后进行部门与职工间的双向选择。

竞聘上岗是一项科学严密的管理工作，进行前必须成立相应的工作领导小组，领导小组下设办公室，负责制订中层干部竞争上岗和职工双向选择工作方案，方案包括组织领导、竞聘岗位、竞聘范围、聘用条件、方法程序、时间安排等内容。为了达到预期效果和目的，开展前要对全馆职工进行动员，说明竞岗的目的、意义和操作步骤，使全体职工提高认识，理解和支持改革。

中层干部竞争上岗工作方案公布后，领导小组组织实施竞聘上岗工作，其程序一般包括报名、演讲、笔试、面试答辩、民主测评、组织考察、公示，最后聘用。中层竞争结束后，职工按双向选择的工作方案进行岗位双向选择。全馆职工根据馆内公布的岗位职数、岗位级别及各岗位量化指标，结合自己的特长和条件选择自己喜爱的部门和岗位。

职工可以根据本人的能力和意愿，直接找部主任面谈，表达上岗意愿并填写"岗位意向表"；部主任根据岗位要求，审核人员素质，初步确定岗位人选，填写"部门岗位人选表"，并向领导团队提出岗位合适人选的意见，职工、部主任双方的表格在规定时间内上交，最后由领导团队集体研究决定岗位录取名单，召开职工大会或张贴布告向大家公布。首次实施岗位聘用时，不可能全体职工经过一轮选择都找到岗位，可以分几轮进行。双向选择完成后仍无岗位可上者，作为待岗人员。待岗人员一般由馆部领导团队根据实际情况安排培训和试岗机会，试用合格者正式上岗，不合格者重新待岗培训或再次试岗，多次试岗均不合格者予以辞聘。

为了保证干部队伍的稳定，公共图书馆对中层干部的聘期通常设定为三年，因为频繁地换人不利于部门的团结稳定，更不利于工作的开展，直接影响事业的发展。但双向选择没有时间限定，部门主任可以随时自由选择工作人员，工作人员也可以随时自由选择部门的工作，选择经领导团队调节同意即可流动岗位，领导团队调节的原则是只能顺向流动，不能逆向流动，即低能力的不能向高级别岗位流动。

（五）从业人员的招聘

1. 我国公共图书馆馆员的聘用方式

我国公共图书馆的从业人员分为事业编制人员和事业编制外人员两种。事业编制人员主要通过公开招聘或平级调动进入公共图书馆。编外人员（人事和财政部门也对使用数量有一个控制指标）主要通过内部招聘、公开招聘、劳务公司派遣三种方式进入公共图书馆。图书馆在招聘工作人员时，一般在机构编制部门核定的编制数额和人员结构比例、政府人事行政部门下达的增加人员计划内进行。下面主要探讨公开招聘编内人员（正式员工）的三种方式：

（1）参照公务员招聘。个别公共图书馆，如深圳图书馆，参照国家公务员录取方式招聘馆员。我国公务员采取公开考试、严格考察、平等竞争、择优录取的办法录用工作人员。公务员考试的岗位要求相当细致、严格，一般通过笔试和面试考查考生的各方面能力，考试内容根据公务员应当具备的基本能力和不同职位类别分别设置。招录单位根据考试成绩确定考核人选，并对其进行报考资格复审、考核和体检。

（2）按事业单位人员录用办法招聘。多数公共图书馆按事业单位人员录用办法招聘馆员。招聘工作一般按照发布公告、报名、资格审查、笔试、面试、体检、公示以及实施聘用等程序进行，由组织人社部门、公共图书馆主管部门及公共图书馆三方共同协作完成。公共图书馆根据单位发展目标、编制空缺情况以及对应的岗位要求确定招聘需求，制订招聘计划和实施方案，提出招聘岗位所需条件要求。人社部门通过官方网站发布招聘简章，公布招聘岗位及应聘条件。应聘人员经报名通过资格审查后参加笔试，笔试分公共科目和专业科目，大多数公共图书馆只考公共科目，少数公共图书馆，如浙江图书馆，既考公共科目又考专业科目。笔试入围者参加综合测试，综合测试包括专业加试和面试，有的公共图书馆不考专业加试。笔试主要由人社部门负责，综合测试一般由公共图书馆及主管部门统一集中组织实施。最后，拟聘用人员在接受体检、考察和公示后，合格者按照人事管理程序办理录用手续。

（3）自行招聘。少数公共图书馆，如广西图书馆、广州图书馆和杭州图书馆，已在人社部门和上级主管部门的监管下自己组织公开招聘工作。自行招聘与按事业单位人员录用办法招聘相比，招聘的程序相同，但在笔试和面试环节有了自主权，测试的内容则更具有针对性。笔试内容除了综合知识外，进一步突出了岗位所需的专业技术知识，主要测试应聘人员的专业基础知识是否与应聘岗位相匹配。面试一般采取提问、答辩结合专业操作的办法，主要考查应聘人员的综合素质，包括语言表达能力和实际运用能力等。在招聘岗位条件设置上，实行自行招聘的公共图书馆对应聘人员设置了准入门槛，根据不同的岗位对应聘人员的学历、专业和经历有相应的不同要求。

2. 国外公共图书馆馆员的聘用制度

国外公共图书馆对馆员的聘用基本上采用了职业准入制度。英、美等西方国家较早就开始关注图书馆员的职业资格问题，英国是最早实行图书馆职业资格认证制度的国家，后来亚洲的日本、韩国及我国的台湾地区等都引入了图书馆职业资格认证制度。尽管各国的实施方法和要求有所不同，但其目的却是基本一致的，即强化图书馆职业的专业化地位，提高图书馆从业人员的专业化水平。世界各国的图书馆职业资格认证制度大致可分为考试制、学历制和等级制等几种类型。下面对考试制和等级制进行简要分析。

（1）考试制。通过专门的考试委员会或者指定机构组织的各种考试达到合格成绩，从而获得资格认证。例如，英国规定申请图书馆职业资格的人员，必须通过英国图书馆协会所组织的考试，才能获得"协会准会员"和"协会正式会员"资格。考试分为三种，即初步考试、中间考试和最终考试，初步考试及格者方能参加中间考试。大学本科生可以免去初步考试而直接进入中间考试，及格后到英国图书馆协会认可的图书馆工作两年后，被授予"协会准会员"资格。准会员从事图书馆工作五年后，才有资格参加最终考试。最终考试合格者，才能获得图书馆员的最高资格"协会正式会员"。

（2）等级制。根据学历学位、专业课程学习和从业经验等情况，将图书馆馆员区分为若干个等级，不同等级有不同的资格要求。如韩国图书馆馆员分为三级，分别为：一级正图书馆馆员、二级正图书馆馆员和准图书馆馆员。

3. 我国公共图书馆择优录用馆员的聘用机制

公开招聘制度是图书馆的"入口"制度，直接关系图书馆人员素质，我国公共图书馆应严格执行国家的政策，同时借鉴国外图书馆职业准入制度的成功经验，建立适合中国国情的从业人员聘用机制，坚持凡进必考、择优录用专业素质和综合素质条件最好的应聘人员；对于现有的从业人员，则要进行岗位资质培训，实行持证上岗。

（1）将从业人员分为专业馆员和非专业馆员。借鉴国外的经验，结合我国的具体情况，可将从业人员分为专业馆员和非专业馆员。非专业馆员承担一般事务性工作和流通阅览工作，可聘用编外合同制人员，学历要求专科或专科以上，专业可不做要求，在经过专业基础培训后上岗。专业馆员可分为技术性和专业性两大类，技术性馆员主要承担：计算机软件开发与应用，硬件的安装、维护、维修与日常管理，数据库的开发与应用及维护，网络的管理等工作；专业性馆员主要承担：文献资源的采访和分类编目加工，参考咨询，古籍研究，活动组织与阅读推广，信息资源的采集、整合、制作等工作。专业馆员应做专业和学历的要求，要求具有计算机专业或图书情报专业或其他学科的本科以上的学历。还应根据不同的岗位，确定不同的应聘资格条件。

（2）专业馆员采用学历制与考试制相结合的招聘办法。针对我国现有应聘人员多、公共图书馆所提供的岗位少的现状，专业馆员可考虑采用学历制与考试制相结合的招聘办法，即获得图书情报专业学位者直接可以取得入门资格。

（3）实行从业人员持证上岗。为了全面提高公共图书馆从业人员的专业素质，进一步加强对基层图书馆工作人员的准入管理，应对从业人员实行岗位资质培训持证上岗制度，即岗位人员必须全员参加培训，取得上岗证后才能从事图书馆职业。通过持证上岗制度，让经过考核或考试合格，具有一定图书馆知识的人员进入图书馆从业人员队伍，从图书馆人员队伍的入口保证图书馆从业人员所必须具有的素质，可以为图书馆人员整体素质的提高奠定一定的基础。

从目前情况来看，建立图书馆从业人员持证上岗制度，首先要扩大从业人员持证上岗制度的适用范围，应当对所有从事或准备从事图书馆工作的人员都要求其必须持有图书馆从业资格证书，不论是地市级馆、县区馆乃至街镇、社区（行政村）、分馆的在编或编外的相关人员都必须持有政府部门发放的图书馆从业资格证书，才能从事图书馆职业；其次要建立培训制度，应当根据持证制度规定的条件，确定培训内容、培训教材和培训方法，然后按照规定的条件和标准，对培训人员进行考试，认可其图书馆从业的资格。

三、公共图书馆的分配制度

科学合理的分配制度与方案对于提高员工对本组织的忠诚度会起到积极的促进作用。但目前在公共图书馆，同一职称者不论干多干少，利益分配几乎是相同的，这在某种意义上已经形成了新的平均分配方式。这种不公平的分配方式导致人们劳动不积极，工作效率较低。因此，要激活图书馆，打破僵化局面，在利益分配上必须进行必要的调整，实现图书馆分配制度的合理化。

（一）公共图书馆分配制度的要素

经济领域中一般有两种分配方式：计件制和计时制。对能够量化到个人的工作任务，计件制可以最大限度地发挥员工的积极性。但随着社会分工越来越细，许多工作需要配合和协作才能提高效率，这时，计件制就不再适用。公共图书馆大多数岗位都适用计时制，因此，公共图书馆的分配主要受到技术、经验、管理、职务（职称）、岗位、业绩等要素的影响，它们共同构成图书馆按要素分配的主体框架。

1. 技术要素

原来的技术要素主要是指图书馆专业业务技术，现在还包括如 IT 等相关技术。员工技术决定了图书馆服务效率和服务质量的高低，因而是图书馆分配制度中的重要决定因素之一。反过来，分配制度中如果包含技术要素，也会促使员工加强学习、提高技术，从而在工作中发挥出更大的创造性。随着 IT 技术在图书馆服务中的广泛运用，图书馆专业与 IT 技术日渐融合，使得目前图书馆绝大部分技术力量都集中在年轻人的群体中，但他们的职称却普遍偏低，在现行以职称为主体的分配制度中，他们的贡献和待遇不成正比，这样就有碍于图书馆留住年轻的技术骨干。因此，图书馆不仅要建立吸引技术人才的机制，还要建立合理的分配机制，以有效地激励技术人才、留住技术人才。

2. 管理要素

管理要素在任何组织、团体、单位中都占有重要地位。任何单位如果缺乏必要的管理就没有规矩。可见，管理出效率、管理出效益、管理出业绩，同时管理也出人才。因此，对图书馆中各类型的管理人才在利益分配上要予以适当的倾斜与支持，充分体现管理要素在图书馆中的作用。

3. 职称要素

职称能在一定程度上体现一个人的学术水平和业务能力。但必须承认，同一职称如果具体到每一个人，他们的学术水平和业务能力并不完全相等，有的甚至相差甚远。虽然目前职称要素在图书馆分配制度中仍占据着主体地位，但随着改革的深入，这种情况会有所改变，而在绩效工资的实施中，已经强化了职称的评聘分离。

4. 职务要素

职务要素是对图书馆领导层的综合评价。领导者不但要具备运筹帷幄的预测能力，精湛的管理能力、业务能力，熟练驾驭各种事务的能力，还应具备良好的政治素质和健康的心理素质。一个图书馆的办馆效益，在很大程度上取决于馆长的理念、领导才能、专业能力和管理能力。目前，大多数地区的分配制度中，没有完全、充分地考虑职务要素，但有的地区已经开始对馆级领导实施年度目标考核，若考核合格，馆长的年度绩效工资就可以达到全馆职工年度平均绩效工资的两倍。

5. 岗位要素

任何单位岗位之间的要求都有差异，岗位之间的差异应该决定着收入上的差异。但在目前大多数图书馆，岗位之间并没有形成收入上的差异。人们应当承认，由于岗位不同，工作要求就不同，责任、难易程度、技术含量、工作强度就有差异。这些因素都必须转化为拉开不同岗位之间不同收入差距的要素。强调岗位要素，有利于开展岗位竞争，提高职工队伍整体水平与工作效率，促进工作有效开展。

6. 工龄要素

工龄长短在一定程度上体现工作的熟练程度。考虑工龄要素比较符合我国的国情，在国人的意识里，年长者没有功劳也有苦劳。因此，可把工龄要素作为收入分配中要参考的一个辅助要素。

7. 业绩要素

绩效管理是图书馆的终极目标管理方式。分配制度中体现业绩要素是图书馆实行绩效管理的根本手段，即图书馆工作人员如果达到所要求的业绩，就予以相应的报酬；如果没有实现预期的目标，就予以相应的处罚。强调业绩要素，让业绩与利益分配挂钩，有利于奖勤罚懒，充分调动工作人员的劳动积极性，真正实现按劳分配。

（二）公共图书馆分配制度的制定原则

分配制度关系到公共图书馆的服务和效益，因而制定时首先要考虑公平，其次需要讲求效率。

公平是指人与人的利益关系及利益关系的原则、制度、做法、行为等都合乎社会发展的需要。分配中的公平是指按照等量劳动获得等量报酬，而不是平均主义，相反，公平必然是一定程度的不平均。

效率是指有效的比率，即有效的程度。具体地说，就是成果与消耗的比率、产出与投入的比率。投入少、所耗低、产出高、所得多就称为有效率或高效率，反之就称为无效率或低效率。

图书馆中的馆员之间各人的能力不同，工作中有简单劳动也有复杂劳动，工作质量、工作效率和工作绩效也有优有劣，科学合理的分配制度可以兼顾公平，同时提高效率。分配上的平均主义会打击先进、扼杀创造力，但收入差距过分拉大，造成两极分化也有损于图书馆内部的团结协作，从而降低工作效率。因此，在利益分配关系中，公平与效率是一致的，没有效率就没有公平的资本，有了公平才能促进效率。

四、公共图书馆的团队建设

团队是由组织内的一部分人组成的，他们有共同的目标，并为此共同承担责任。公共图书馆开展团队建设，一方面能依靠组织文化的强大生命力，在团队中培养和塑造核心价值观，提高组织的凝聚力和战斗力，提升团队成员对组织的归属感和忠诚度；另一方面能通过团队学习和项目团队的工作方式提高学习效率和工作效率，有利于促进图书馆人才队伍的建设。

（一）公共图书馆团队建设的作用

1.有助于提高凝聚力

团队是图书馆的组织基础。凝聚力是团队所有成员之间的相互吸引力。团队共同的信念和价值理念会发育成长为一种文化风俗，形成一种强制性的文化氛围，产生一种向心作用，使团队成员对团队具有强烈的依附心理和归属感，在完成团队任务时彼此会非常协调和默契，自觉地把个人目标融入和升华为团队的共同目标，建立共同的价值观。因此，通过团队建设能够提高组织的凝聚力，有利于组织目标的实现。

2.有助于提高学习效率

团队学习是一种比个人学习效率更高的方式，而且，在隐性知识的学习和传授上作用特别巨大。团队学习是团队内获取、创造和传播知识的过程。知识分为隐性知识和显性知识两种。隐性知识是存在于团队个体的、私人的、有特殊背景的知识，即团队中每个人所拥有的特殊知识，它依赖于个人的不同体验、直觉和洞察力。显性知识是指能在个人间更系统地传达，更加明确和规范的知识。团队学习从个体间共享隐性知识开始，隐性知识在团队内共享后经整理被转化为显性知识，团队成员共同将各种显性知识系统地整理为新的知识或概念，并通过学习将其转化为自身的隐性知识，完成知识在组织内的扩散。这种从隐性知识到显性知识的团队学习循环方式提高了学习效率，促进了知识的创造。

3. 有助于提高工作效率

团队的工作绩效要明显高于个体成员绩效总和。

第一，团队独特的组织形式打破并简化了以往的组织架构，摈弃了复杂的层级管理，便于内部沟通和协调。组织领导通过授权给团队成员，使成员能够对与其直接相关的活动做出决定。

第二，团队把不同专业的人结合成一个整体，因此可以完成靠个人力量无法完成的任务。在整个团队共同协作的过程中，其成员会自觉不自觉地形成相互影响、相互促进、相互交流、相互补缺的局面，从而不断地提高个人的思想水平和专业技能，使个人得到更快的进步。

第三，团队工作是一种高效的工作方式，一般以项目小组形式出现，而且团队工作往往带有学习性质，因而可以在有效完成项目任务的同时，提高团队参与者的素质和技能，从而进一步提高工作效率。

（二）公共图书馆馆员团队价值观建立

公共图书馆可在管理者角色示范、教育培训、非正式活动、建立的各种制度中，传递和培育团队的价值观。

第一，管理者角色中示范。在组织文化的营造中，管理者同样有角色扮演的问题。管理者的价值观，甚至言行、兴趣、作风等，都会影响和改变组织原有的价值观与信念。在实行民主管理和政务公开的图书馆，干部职工就会逐步参与决策，并在决策过程中表达自己的意见，发挥出图书馆主人翁精神，使图书馆管理中的组织文化从监督向信赖和尊重转变。

第二，教育培训中培育。教育培训应作为培育组织文化的重要手段。对于新员工，图书馆要开展职业道德规范等内容的培训指导，使新员工能够迅速理解并融入组织文化；对于老员工，图书馆也要进行组织文化方面的培训，因为在图书馆工作中，影响工作改进的不仅是技能和工作条件等因素，图书馆员工关于职业的理念和态度等也是影响组织效率的主要因素，图书馆应该通过教育培训培育优秀的组织文化，提高馆员的凝聚力，克服工作中不良思想因素的影响。

第三，非正式活动中表达。图书馆管理者可以借助非正式活动来强化或表达组织的价值观。例如，为加强部门、职工间的团结和沟通，增强单位内部的凝聚力，馆长可以不定期邀请部门员工座谈，让员工感觉受到重视；在中秋、冬至、春节等传统节日请外地单身馆员聚餐，营造家的氛围；许多图书馆都组织联欢会、职工旅游、文体活动、消防运动会等，以促进员工互相关心、互相合作、加深感情，并借此消除在工作中可能因误会和摩擦造成的隔阂。

第四，各种制度中传递。①报酬与奖惩制度。员工可由报酬制度、奖惩标准来识别组织的价值观念。当一位员工被奖励时是因为他的行为符合组织的价值观念。②晋升、评选或解聘等标准。在制定晋升、评优评先等标准时，图书馆通常会把所珍惜的品德作为要求符合的条件，如提倡团结协作精神，在人才选拔或先进评选的条件中，就会要求候选人具备团结合作的精神。③道德与行为规范。要把图书馆的理念、价值观贯彻在日常服务工作和员工的行为中，就必须确立和实施图书馆员的道德与行为规范，使服务行为、语言、个人仪表以及人际关系等都按规范行事。图书馆在制定服务规范时，应以服务为导向，坚持读者利益至上。

（三）公共图书馆学习型团队建设

1. 运用学习型组织理论

创建学习型组织模式：自我超越、改善心智模式、建立共同愿景、团队学习、系统思考——五项修炼。其含义是指通过培养弥漫于整个组织的学习气氛，充分发挥员工的创造性思维能力而建立起来的一种有机的、高度柔性的、扁平的、符合人性的、能持续发展的组织。

学习型组织具有三个特征：①组织成员拥有一个共同的愿景。组织的共同愿景来源于员工个人的愿景而又高于个人的愿景。它是组织中所有员工共同愿望的景象，是他们的共同理想。它能使不同个性的人凝聚在一起，朝着组织共同的目标前进。②组织由多个创造性个体组成。在学习型组织中，团体是最基本的学习单位，组织的所有目标都是直接或间接地通过团体的努力来达到的。③善于不断学习，是学习型组织的本质特征。

学习型组织理论是一种全新的、成熟的管理科学，对于促进图书馆管理方式的转变和管理水平的提升有重要促进作用。在学习型组织中，学习能力、适应能力能够得到不断强化，并且学习型组织通过创造支持学习的文化氛围，有助于知识共享和持续学习。为了培养学习型组织文化，公共图书馆的管理者可以借鉴学习型组织理论这一先进的科学管理理念，创建以共同愿景为基础、以团队学习为特征、以增强图书馆的整体学习力为核心的学习型组织。将员工作为组织的重要财富，为他们个人发展和学习创造条件，创造宽松的学习环境。尊重、引导、激励馆员学习的自觉性和积极性，培养全新的思维方式，使他们创造知识和利用知识的综合素质得到提高。讲求学习的持续性和与图书馆工作的不可分离性，追求作为个体的图书馆人和作为组织的图书馆不断自我超越，共同发展，最终达到以知识促进图书馆的发展。

2. 确定团队学习方式

团队是组织的基本构建单位，团队学习是一种组织内部的学习，也是学习型组织的基本学习方式，更是构建学习型组织的基本过程。团队学习可以培养出高于个人的团体智力，促使组织发挥创造性，同时又能协调员工之间不一致的行动。这种学习成果会随着成员的流动而扩散到其他的团体中去，进而在组织中形成学习的气氛。团队学习的方式主要有以下内容：

（1）集体学习活动。公共图书馆可充分利用集中学习机会（如闭馆学习时间）开展主题教育、岗位练兵、集中培训以及中心组学习等集体学习活动，统一思想和认识，明确学习目标及学习任务，鼓励团队成员自觉利用业余时间不断深化集体学习活动的学习内容，提高自身的综合素质。

（2）在线学习活动。在线学习为团队搭建了一个较好的交流及学习平台，是团队学习的较好方式。公共图书馆可以充分利用好局域网资源，开辟网上学习交流论坛。团队成员可以针对一段时间内学习任务和目标在论坛上交流学习心得，彼此吸取经验。条件允许的团队还可以针对热点、难点问题，及时组织在线交流与讨论，丰富学习形式。

（3）信息交换会议。信息交换会议主要包括论坛、聚会、沙龙等团队学习方式，适用于确定的议题或重大课题的观点、信息交流。议题或课题确定后，团队成员首先进行分散研究和学习，收集资料并初步形成自己的观点与看法，团队领导在适当时间内组织形式多样的集中学习，召集成员进行观点碰撞与交流，进而不断提高个人认知能力，提升团队学习力。

（4）技巧性讨论。讨论是将观点充分撞击，最后形成一个较为统一的认识和观点的过程。现实工作中，有些团队需要应对一些下结论、做决定或订计划等实际事务，技巧性讨论这一团队学习方式就显得非常有效。它的技巧要素主要包括：注意自己的意图，确定在讨论中希望达到的目标；兼顾主张和探询，注意自我反省；措辞准确，表达清晰；找到大家争执的焦点，寻求解决的办法；聆听别人的看法，对新观点持开放的态度，用别人的观点来看问题。

（5）深度会谈。深度会谈是每个成员谈出心中的全部设想，进入真正交流思考的境地，以获得独自思考无法达到的见解，使团队智慧超过个人智慧的总和。这种团队学习方式常用于探讨复杂的问题。深度会谈的过程，是每一个人畅所欲言、充分表达自己意见的过程。大家以多样的观点探究复杂而重要的议题，每个人先暂停个人的主观思维，"悬挂"起自己的假设，彼此用心聆听，不断地接受询问与观察，并自由地交换各自的看法，使每个人看到自己没有看到的本质和更深远的东西，形成更高层次的共识。

（四）公共图书馆项目团队建设

项目是一个组织为实现自己既定的目标，在一定的时间、人员和资源约束下，所开展的一种具有一定特性的一次性工作。公共图书馆的项目团队是为完成某个项目任务、共同承担项目责任而集合起来的一群全职或兼职的馆员临时组织，在管理上往往采用项目负责制，即以项目的策划到实施的全过程为工作核心，以项目预期目标的实际完成情况为考核内容，根据考核结果对项目负责人及项目团队予以评价和奖惩的一种管理模式。

公共图书馆管理者可在现有组织框架下，引入项目制的管理方式，将工作组织成项目，建立各种项目小组（团队），鼓励馆员主动提出项目，并参加与本职工作不同的项目小组，在不同的专业领域中寻求自我突破与超越，培养不断接受新挑战的意愿，发展兴趣，开发潜能，在工作中学习，在学习中工作。从人力资源管理这个角度看，项目小组是另一种形式的学习型团队。通过项目小组既可以完成项目任务，又可以使一批馆员在完成项目的过程中，增强自我学习的动力，获取项目小组中其他成员的隐性知识。

1. 实行项目负责制的优点

公共图书馆实行项目负责制，最突出的优点就是整合优势资源，工作机制高效灵活。项目负责制不同于传统的垂直性部门负责制管理模式，它注重横向间的联合。项目任务开始时，抽调相关部门的业务人员组成项目小组，并充分授权给项目小组。每个项目由临时任命的负责人实施计划、组织、控制和协调。项目任务完成后其成员又各自回到自己的部门或岗位。项目组的人员组成突破了图书馆部门的范畴，不再隶属某个具体的部门，而是强调对在项目中承担的任务部分负责。这种扁平式的组织管理模式提供了一个跨职能部门、多项目同时运作的解决方案。对于图书馆需多个部门合作、工作量大、技术复杂、规范性强、时间紧迫的任务而言，可以较好地协调理顺各种关系，整合各方面的优势资源，集结适当的人做适当的事，缩短工作任务的完成时间，不失为一种高效灵活的工作机制。公共图书馆常常将它运用于数字化服务与建设以及重大读者活动等领域。例如，苏州图书馆"古籍数据库开发"项目、广州图书馆"信息咨询服务"项目、湖南图书馆"寻找城市记忆"活动项目等。

2. 组建项目团队的作用

公共图书馆组建项目团队，除了具有前述的增强凝聚力、提高学习和工作效率的作用外，还有利于促进图书馆人才队伍建设。团队具有不断的进取和创新精神。团队成员通过持续地学习为达成目标所需的知识和技能，能使自身的能力在短时间内得到迅速的提升。一个项目不管大小，都依赖一整套科学的知识体系和管理方法来开展工作，因而能够充分锻炼和培养基层管理人员和业务骨干。一个项目的完成必须依靠项目负责人和成员之间的勤奋学习和通力合作，对项目负责人的协调能力、计划能力、控制能力、总结概括能力和业务技术水平都是一次全方位的锻炼和提高。将一个项目交给一位普通的业务人员去管理，也许从此就培养和发现了一位能干称职的业务骨干。多个不同项目确立乃至完成，就能锻炼和培养出一批业务骨干和基层管理人员。同时，项目团队建设也为有不同特长的专业人员提供了一个展示才华的舞台和动力，在合作中，更容易发掘馆员的潜能，培养馆员的交流能力、文字能力及创造能力，促使他们快速成长为懂运作、善策划、勇创新、能开拓的新型图书馆人才。

3. 高效的项目团队的建设

项目团队整体的专业技能、经验、知识和素质程度的高低及协作能力的强弱，直接关系到项目结果的好坏。项目获得成功需要一个高效工作的项目团队，而要将项目组建设成为一个高效协作的团队，必须做到以下方面：

第一，确立共同认同且明确的目标。高效团队必须具备全体成员渴望实现且富有意义的目标。首先，这一目标应该具有足够的吸引力，能够引发团队成员的激情，让团队成员凝聚在一起，并使大家能为之共同奋斗；其次，团队成员都要十分清楚并且从心里接受、认同这一目标，这种对目标的认同感可以激发团队成员将其所有的能力投入工作中，为团队目标的实现做出奉献。

第二，合理的分工与协作。完成团队的目标需要所有成员的相互配合，因此，在目标确立之后，必须明确各个成员之间的相互关系。首先，项目负责人和项目组成员之间不是领导与被领导的关系，因此他们之间必须形成紧密的团结协作的关系。高效团队的项目负责人往往是担任着教练的角色，为团队提供指导与支持。其次，在项目实施过程中，每个人的行动都会影响到其他人的工作，因此，每个成员都应该明白自己的角色、权力、任务和职责，明确为实现项目目标而必须做的工作及其相互间的关系。在项目团队建立初期，团队成员花一定的时间明确项目目标和成员间的相互关系，可以在以后项目执行的过程中避免因分工不清而造成的工作效率较低。

第三，具有高度的凝聚力。团队对成员的吸引力越强，成员遵守规范的可能性就越大。一个有成效的项目团队，必定是一个有高度凝聚力的团队。在这样一个集体中，团队成员经常会不由自主地流露出一种团队的自豪感，会自觉地、积极热情地为项目成功付出必要的时间和精力。影响团队凝聚力的因素主要有：团队成员的共同利益、团队的大小、团队内部相互交往及相互合作。团队规模越小，彼此交往与作用的机会就越多，就越容易产生凝聚力；经常性的沟通可以提高团队的凝聚力；项目目标的压力越大，越可以增强团队的凝聚力。另外，团队凝聚力的大小也随着团队成员需求满足的增加而加强。因此，在形成一个项目团队时，项目负责人需要为最大限度地满足个体需要而提供各种保障。

第四，团队成员相互信任。成功团队的一个重要特征就是信任，一个团队能力的大小受到团队内部成员相互信任程度的影响。在一个高效的团队中，成员之间会相互关心，承认彼此存在的差异，并乐于接受他人的意见。在任何团队工作，都会有不同意见，项目负责人要鼓励团队成员将其自由地表达出来，大胆提出一些可能产生争议或冲突的问题，树立信任，通过建设性的、及时的反馈积极地正视问题，通过公开交流、自由交换意见等方式来增强彼此之间的信任。

第五，能够有效地沟通。一个高效的项目团队通常要进行开放、坦诚而及时的沟通。团队应拥有全方位的、各种各样的、正式或者非正式的信息沟通渠道，要擅长运用会议、座谈这种直接有效的沟通形式，从而保证沟通直接高效、层次少、基本无滞延。团队沟通不仅是信息的沟通，更重要的是情感上的沟通。每个成员不仅要具有很好的交际能力，而且要拥有很高的情绪商数。团队内要形成融洽的氛围，每个成员愿意交流信息、想法及感情，愿意接受彼此的反馈及建议性的批评。成员能成为彼此的力量和源泉，而不仅限于完成分配给自己的任务。

第六，成员得到充分的授权。成员得到充分的授权是高效团队的一个显著特征。在高效团队中，成员的能力会得到团队领导的肯定，并依据其能力大小授予相应的职责和权力。在这样的团队中，人们容易感觉到一种自主、充实的轻松气氛，成员可以自主地参与团队的决策和管理。同时，在授权的过程中，成员得到了多样化技能的培训，这将有助于提高成员的工作满意度，激发成员的积极性和创造力。

（五）公共图书馆志愿者团队建设

志愿服务是指任何人自愿贡献个人的时间和精力，在不为物质报酬的前提下，为推动人类发展、社会进步和社会福利事业而提供服务的活动。提供志愿服务的人或群体称为志愿者或义工。志愿服务几乎是每个文明社会不可缺少的一部分。任何一个人，只要参与志愿服务，都是将个人融入让世界变得更好的努力之中，通过与他人、与社会的联结使自身更高层次的一些心理需求得到满足，而使自己的生命变得有意义。同时，志愿服务拓展了人们的眼界，不断向人们提出新的挑战，也为自我超越提供了动力。

志愿者是公共图书馆外部可利用的人力资源中最为重要的资源，是一笔宝贵的财富，是图书馆节省开支、改善服务的重要保障。他们无私奉献、完善自己、至诚服务的态度，不仅可以加强图书馆与读者之间的互动，还可以激发图书馆服务和创新的活力。为此，图书馆一定要合理、有效地引入志愿者服务团队，用好用活志愿者人力资源，并强化志愿者管理艺术，建立相应的运作、管理与保障机制，确保有效地开发和管理志愿者资源。

1. 设立志愿者服务管理组织，规范志愿者的管理工作

图书馆志愿者服务涉及的内容相当复杂，它需要多个部门协作完成。而志愿者管理，如招募、培训、考核、激励等都是确保志愿者活动有效开展的基本环节。这一系列的工作必须有专门的组织机构负责管理，有专人进行统筹安排。公共图书馆可根据本馆实际情况单独设立图书馆志愿者管理部门，也可以将其归入办公室管理，或者划入图书馆人力资源部门管理，下设具体管理人员，来专门负责志愿者团队的管理事务。例如，上海图书馆的志愿者管理组织机构非常完善，由党委书记亲任组委会主任委员、工会主席，各相关部门负责人任委员，由团委书记、组织人事处副处长协同部分团委委员组成秘书处，负责志愿者服务队日常运行的服务和管理工作。

2. 制定志愿者服务条例和管理制度

志愿服务具有自愿性，它决定了志愿者行为带有较强的随意性和个人倾向。因此，建立统一规范化的日常管理制度是志愿者完成业务工作、达到优质服务标准的重要保证，也是志愿服务活动顺利进行的重要前提。图书馆志愿者管理部门应在分管领导的指导下，制定志愿者管理条例、志愿者培训大纲、工作评估标准、激励规则、各项反馈表、志愿者服务协议书等一系列与管理相关的制度文件，规范志愿者团队的服务活动。例如，上海图书馆通过制定志愿者服务队的注册管理办法，明确志愿者的权利和义务、组织机构、管理办法和经费来源及用途，并通过制定"志愿者服务守则"引导和规范志愿者在图书馆的行为。

3. 建立志愿者招募和培训机制，提高志愿者素质

志愿者招募是图书馆志愿者管理工作的起点，公共图书馆可根据所需的志愿者岗位、人数及要求，采用自行招募、与志愿者组织合作招募相结合的方式建设本馆的志愿者队伍。

例如，广州市图书馆与本市高校学生会联系，由学生会统一按照要求招募合格的学生，到图书馆进行义务服务。深圳宝安区图书馆与区义工联合作，由义工联安排义工，按照图书馆的需要，为读者提供义务服务。志愿者招聘是一个双向选择的过程，是图书馆的需求与志愿者的兴趣与动机之间的匹配。为了保证志愿者活动稳定有效地开展，减少随意性，图书馆在招募前要做好规划工作，准备好各种文件和章程；在招募中应充分了解志愿活动申请者参加活动的动机，确定图书馆能否满足申请者的动机要求，并作为选择的参考和录用以后工作安排和激励机制的依据。对录用的志愿者要实行注册制度，个人信息及工作情况能进行档案管理。另外，图书馆招募志愿者要注重提高工作效率，从报名到录用不超过两周时间，最好在一周内完成。

图书馆在完成招募工作之后就要对志愿者进行培训。志愿者参与图书馆志愿服务，一方面需要学习和增强图书馆专业方面的知识和技能，以便在实际工作中提供更好的服务；另一方面也期望在培训和服务的过程中满足自身的需求，能力和技能方面都得到提高。因此，志愿者培训具有双重作用。志愿者培训一般分为基础培训和岗位培训。基础培训是全体录用的志愿者都要参加的集中培训，主要包括志愿服务介绍和图书馆基础知识介绍两大方面的内容，可以由志愿者管理人员来完成，培训的方式可以是讲座、研讨、参观等。岗位培训是对具体参与该岗位工作的志愿者进行的分散培训，可以由负责该岗位的主管人员或者骨干馆员来完成，培训的方式可以是资深馆员授课、岗位实习、资深志愿者现身说法等。

4. 开发多层次的服务项目，发挥志愿者的特长

公共图书馆志愿者能参与的服务内容可以是多样的，它不应只局限于书刊流通、排架整理等基础性服务项目。图书馆招募的志愿者来自各行各业，有不同的知识背景、不同的社会工作经验，对志愿者服务工作抱有不同的认识，图书馆应仔细分析了解每一位志愿者，因人而异，在合理安排志愿者参加常规服务项目的同时，对一些条件较好并有一定特长的志愿者，图书馆可以让他们从事读者咨询、讲解、翻译、主持人等具有挑战性的工作，一方面充分利用了志愿者资源，体现了志愿者的自我价值；另一方面又使志愿者在以满腔热情无私奉献的同时，收获了知识和能力。

5. 建立志愿服务的激励机制，稳定志愿者队伍

激励是调动志愿者工作积极性、增强志愿服务工作稳定性的有效管理手段。人们参与志愿服务的动机是复杂的，除了帮助他人、奉献社会外，也有自身的一些需要，比如，学习新知识、获得团体归属感、提升自我价值等。因此，对志愿者的激励应根据他们的不同需求采用多种形式。对志愿者而言，在图书馆义务提供服务的动机主要是利他，是追求自我价值的实现，不以获得物质报酬为目的。所以，对志愿者的激励机制主要以精神层面为主，即实施人本管理，借助于文化引导、关心、表扬、奖励等方式为志愿者注入活力，提高志愿者的荣誉感和积极性，满足他们爱的需要、尊重的需要和自我实现的需要。

在文化引导方面，图书馆可以将组织自身的理念与志愿者的利他动机和自我实现的价值观结合起来，激发他们的工作热情。图书馆是为社会提供普遍均等服务的公益性机构，是利他的，这与志愿者的动机是一致的。图书馆可以通过总结分享会来交流心得，分享经验教训，引导志愿者认识到自己的服务不仅是利于图书馆，也是利于自身和社会的，用社会的认同感使其感受到自身的价值，感受到奉献的快乐，从而获得心理上的满足。

在人文关怀方面，图书馆在志愿者管理过程中，应关心爱护志愿者，以增强志愿者的归属感与合作热情。例如，召开志愿者欢迎会，预先设想志愿者的需求和可能遇到的困难，为他们提供帮助，尊重志愿者的时间安排，配备较好的工作设备，开设志愿者休息室，提供茶水等，为志愿者创造一个充满人文关怀和信任氛围的工作环境。同时不断完善《图书馆志愿者工作手册》，帮助志愿者顺利开展工作。

在表扬和奖励方面，图书馆可以采取不同的方法对志愿者进行激励。比如，通过颁发证书、召开表彰会议、媒体报道、评选优秀志愿者、创建志愿者专栏等方式进行宣传与鼓励，让志愿者得到单位、亲戚、朋友的支持与赞赏，吸引更多志愿者的参与；通过送借书证、生日贺卡和小礼品等方式营造精神归属，激发志愿者内在的积极性；通过专业培训、提供实践机会等方式让志愿者学到新的知识与技能，为志愿者的锻炼成长和自身价值的实现创造条件。需要注意的是，对志愿者的奖励必须建立在绩效评估的基础上，奖励结果一定要公正、公平，应让每一位真正付出努力的志愿者的成绩都能得到肯定。

第四章 公共图书馆数字文化建设及新技术应用

第一节 数字文化及其产业发展新态势

随着数字技术的飞速发展，数字媒介应运而生，顺势而上，"第四媒体"互联网已将世界紧密相连，"第五媒体"手机也与人们形影不离，报纸、杂志、电视、广播、电影等传统媒介因嵌入了数字或者比特的 DNA 而生机勃发。

一、从网络文化到数字文化的变化

数字技术产生的最重要与最具代表性的成果就是互联网或称因特网，因此，人们基本将数字文化等同于网络文化，研究数字文化也就聚焦于网络文化了。在"e 网天下"的时代，网络文化囊括并展现出了数字文化的所有现象和特征。可以说，数字文化与网络文化的本质特征相同，二者的显著区别在于前者强调的是信息存储、传输的形式"比特"，后者突出的是信息传播的媒介"互联网"。无论是比特还是互联网，它们都基于数字技术。

关于网络文化研究，国外开始于 20 世纪 90 年代，其中，前期主要关注网络文化的好坏及其前景，中期致力于探究网络文化的本体及主体，如虚拟社区、在线身份识别，后期逐渐拓展至在线交流、数字话语、网络安全以及网络空间的界面设计等领域，开展综合研究并延续至今；国内的研究始于 20 世纪末，从文化角度观照开始逐渐发展成综合研究。参与研究的专家学者来自传播学、社会学、文化研究、哲学、教育学等多个领域，这有利于从多视角多层面对网络文化进行研究。但是，对于何为网络文化，至今学界尚未形成统一的认识，究其原因，一是数字技术和互联网发展一日千里，网络文化一直处于形成与发展之中，人们对它的认识还不深入；二是"文化"概念的复杂性，使人们对它的理解呈现多样化。尽管如此，我们还是可以通过梳理、分析现有的各种定义，对网络文化进行一个相对合理、明确的界定。

网络文化的基本特征如下：第一，网络文化是在计算机技术、通信技术和网络技术的基础上产生的，具有鲜明技术特征的文化；第二，网络文化是以数字形式传输和交流的符号表意系统，建构了不同于现实世界的虚拟世界；第三，网络文化是伴随网络社会出现的特有文化形态，集中反映了网络社会经济、政治和社会心理的发展状态；第四，网络文化是不同于传统文化的新信息文化，创造了人类新的生存方式、活动方式和思维方式。前面已经提到，数字文化与网络文化的本质特征相同，因而上述网络文化的四个特征也是数字文化特征。

据此特征，我们可以尝试为数字文化提出一个操作性定义：数字文化是在计算机、通信和网络技术的基础上产生，以数字形式传输和交流的符号表意系统，是数字化社会经济、政治和社会心理的发展状态的集中反映，是对传统文化和现实文化的扬弃超越，是人类生存方式的一次深刻变革。从广义上说，数字文化是借助计算机、通信和网络等技术采集、创造、存储、传播文化的各种活动及其所形成的成果和产品，包括物质文化、行为文化、制度文化与精神文化等形式；从狭义上讲，数字文化主要指数字化的人类精神文化，包括存在于数字空间的一切知识信息、价值精神、心理意识和思维行动方式等方面。

这一定义的可操作性表现在以下几点：

第一，清晰指明了数字文化的社会存在基础。文化是对人类社会物质生产方式和生活方式的反映，受人类物质生产和科技发展水平的制约。具体到数字文化来说，它是以数字媒介为平台，以数字技术为手段，对数字化社会经济发展和政治进步状况的反映，同时也是对现有文化成果的继承、利用和再造，是以虚拟形式存在的新型文化形态。

第二，合理界定了数字文化的范围。数字文化是数字时代的特殊文化形态，是一种亚文化，不能将其泛化为"数字时代的人类文化"。尽管数字时代的文化创造和传播，大部分要依托数字媒介来进行，但不能就此认为没有数字技术和媒介就没有文化。同时，数字文化是对数字化社会政治、经济和文化发展的整体反映，不能简单地将其理解为数字化了的知识信息和文化内容，而应理解为数字技术与媒介创造和发展的现代社会价值精神、心理意识和思维行动方式。

第三，明显区分了数字文化与网络文化的异同。网络文化是数字文化的主要类型，它囊括并展现出了数字文化的所有现象和特征。但这并不是说，网络文化就是数字文化。尽管它们都基于数字技术，但数字文化强调的是信息存储、传输的形式"比特"，而网络文化突出的是信息传播的媒介"互联网"，二者比较起来，数字文化的内涵要大得多，它不仅包括网络文化，还涵盖手机文化、数字影视文化、数字广告文化等以"比特"形式存储、传输的多种文化类型。当然，网络文化也有巨大的包容性，它也能把数字影视文化、数字广告文化等吸纳其中。但是，当数字影视、数字广告等作品一旦没有进入网络，它们就不是网络文化，只可以被称为数字文化，比如，竖立在社区的各种数字广告视频、车载数字电视等。

第四，正确厘清了数字文化与其他文化的关系。在数字文化产生之前，文化表现为现实文化与传统文化的辩证统一，其中，传统文化的含义为历史文化，现实文化则为当代文化。数字文化一旦产生，它就开始了与现实文化、历史传统文化的互动交流。现实文化和传统历史文化一经数字化，就演化成数字文化；数字文化如果没有"比特"的 DNA，也就加入现实文化当中。而当人们强调数字文化作为一种新型文化形态与原有文化形态对比时，又习惯于把现实文化与传统历史文化统称为传统文化，强调数字文化是以传统文化为基础而产生的新型文化。因此，我们要特别注意两种传统文化在使用过程中的区别。

简而言之，数字文化是以数字技术为基础，以数字媒介为载体，以虚拟交互为特质的文化形态，通常指数字化的文、图、声、像等精神文化成果和产品，主要包括网络文化、手机文化、数字影视文化、数字广告文化等文化类型和利用数字媒介开展的学习教育、休闲娱乐、工作生活等活动。

二、数字文化的形态特征表现

在数字技术基础上产生的数字文化具有极大的开放性和包容度，它以数字媒介为载体，既能将历史传统文化据为己有，让其恢复生机，又能积极吸纳当下人们沉溺其中的消费文化、大众文化和商品文化，让它们成为自身重要的组成部分。同时，它自己也努力开发新的文化空间和文化产品，而且，数字文化还拥有文、图、声、像等多种形式，令人眼花缭乱而又乐在其中。但是，数字文化的丰富性不能遮掩住它的独特性和新特点，我们依然能够描绘出这种新信息文化的多面脸孔。

（一）技术特征

数字文化首先是一种技术文化，是数字技术进步催生出的文化。每一次技术的关键性突破，都会推动数字文化新方式、新内涵的产生和拓展。可以说，技术特征是数字文化最基本的属性，其他特征都是在此基础上建立起来的。从技术的角度来说，数字文化最主要的特征是交互性、虚拟性和仿真性。

1.交互性

交互性是指人们在传播活动中发送、传播和接收信息时表现为互动的操作方式。数字媒介作为一种崭新的传播媒体，区别于其他传统媒体的最本质特征就是交互性。传统媒体是受控的、单向的，即发布—传输—接受，处于传播环节末端的受众只能消极、被动地接受，而少有自由的选择。数字媒介的出现，使传者与受者之间的界限消失，人人都能自由地参与到"无中心状态"的虚拟社会之中，新型的"数字共同体"正在形成。数字媒介普及了平等的传播权利，传者与受者之间不再泾渭分明，任何人都能成为信息的制作者与发布者。比如，任何人都能建立自己的网页，开设自己的博客，他们变成了采写、编辑、出版与发行的主体。数字媒介传播不仅是媒体对受众的传播，也可以是受众对媒体的传播和受众之间的传播；不是将信息发送给受众，而是受众可主动地探索与接受需要的信息。它是一种真正互动的传播，是一种"一对面"或"点对点"的传播。正如尼葛洛庞帝所说，数字媒介不是将信息"推给"消费者，而是将受众所需要的信息"拉出来"。也就是说，如果传统媒体给人的感觉主要是向消费者"推"，乃至施加"心理暴力""皮下注射"进行强行灌输，或进行"议程设置"，或把受众当成靶子打，那么，数字媒介却使受众可以与任何自己需要的"信息源"联系，可以在自己许可的时间与地点接收信息、消化信息或传播信息，可以随时随心所欲地查找不同形式的信息，把需要的信息"拉"出来，主动进行浏览、下载或传播等。

2.虚拟性

所谓虚拟性是指数字化社会的存在形态是无形的，它以文字、图像、声音、信息等作为存在形式，以克隆、复制、模仿方式仿拟真实世界，再造一个虚拟世界。人类社会由过去的物理空间向数字虚拟空间转移。数字媒介不以原子而以比特作为基本要素，比特与原子遵循着完全不同的法则，比特没有重量、长度、色彩，易于复制，传播速度极快，在它的世界里时空障碍完全消失，传统媒介构筑的一个个相对独立、封闭的时空被数字媒介突破和重构了。数字媒介通过超链接、超文本等手段以及传者的虚拟性与匿名性，使人们置身于虚拟演播室、虚拟购物间、虚拟医院、虚拟图书馆等虚拟时空中，阻断了他们与真实世界的直接联系，人们的音容笑貌以数字化方式在屏幕上传播，人人都戴着"符号"的面具，暴露给他人的仅仅是一个角色符号和一组代码。这种虚拟时空迥异于现实社会，在此，人类凭空想象出来的东西或被认为不可能创造出来的图景，都能利用数字技术显现出来，都能转化为可以看到或听到的艺术作品。

3. 仿真性

"仿真"是数字文化秩序的主导形式。数字技术通过"0"和"1"的组合对自然和人类生活及其想象图景进行仿制和再造，即对现实世界的真实物理法则进行模拟和再现，构造与展示出一个集文字、图形、声音甚至嗅觉、味觉、触觉信号于一体的信息环境，有着声形并茂、音像俱全的共性，可达到以假乱真的程度，构成了一个"虚拟真实"的数字世界。这个世界超越了时空和因果关系等外在的限制，一切声音和视像、思想和行为、经验和期待，都可以进行数字化处理，随时存储、输送、复制、再造，便于人们记忆和想象，遵循人们的主观思维。它是比现实更真实的"超真实""超现实"，是与感性世界并存的虚拟世界，但人们是无法感觉这个世界的事物本身的。法国后现代思想家鲍德里亚认为，随着计算机技术、信息处理技术的出现，一个由模型和符号所支配的信息与符号时代已经到来，人类的仿真能力日益突出，进入人类生活世界的事物不仅是物品，也是一种符号，社会文化价值是由具有象征意义的符号决定的，人类社会活动也可以视为符号交换；而对事物和符号的模仿就是仿真，模本即仿真物，现实世界与虚拟世界由此变得模糊不清。在"仿真"的世界里，人们总是将其中的图景影像当成了直接经验，自我感觉就是生活在现实世界。正因为如此，数字媒介积极制造影像、引导时尚，以迎合大众的消费需要与欲望。

（二）主体特征

文化是"人化"的产物，是人类的创造物。人既作为文化的创造者而存在，也作为文化的接受者和使用者而存在。数字文化中的人当然也不例外。数字文化为人所创造和改变，也创造和改变着人本身。从主体的角度来说，数字文化最重要的特征是多重化、个性化和大众化。

1. 多重化

这是针对单个主体而言的。长期以来，人们的基本实践和视界是处于主体－客体的两极框架之中，所宣扬和实行的是单一主体中心论，每个人都把"他者"看作被支配的"客体"。数字化社会使得交往实践成为人的基本生存方式。在生存方式的转型中，单一主体开始转变为多重主体。借助虚拟身份，真实的主体以不同的角色、个性、年龄、性别出现在虚拟空间，体验多种角色行为。一个真实的主体可以同时扮演多个虚拟主体，可以出现在不同的对话场景，也可以与世界各个不同角落的人进行交流。个人实现了对其交往关系的自由占有，表现的是一种互为主体的状态，每一个主体与另一主体交往，交往方式是交互性、非中心化的。如果就整个数字化社会来说，主体则扮演着"双重角色"。虚拟空间建造的是一个"双重生活世界"，将主体置于不同的生存环境之中，一个是现实世界，一个是网络世界。在现实世界中，作为社会个体，主体承担着现实社会赋予他的义务；作为生物个体，主体要与周围世界进行维持其生命的物质和能量的交换。在虚拟世界里，主体则遵循网络世界的秩序和规则，通过符号进行信息交换维持个体的精神存在。同一主体要在现实世界和网络世界两个不同世界里"切换"，这种转换如果过于频繁，极有可能造成主体的不稳定性甚至人格分裂。

2. 个性化

文化主体个性化的特征，在数字空间里展现得淋漓尽致。由于在数字空间里是虚拟、匿名的，人们就有了充分展现自己个性的舞台。数字空间没有既定的价值标准，没有绝对的权威，没有强制的规范约束，只要不伤害他人，只要不危及社会，人们可以尽情表达自我，人们也比以往任何时候更加容易接纳各种与众不同的观点。也正因为如此，几乎所有的门户网站、新闻网站和部分专业网站为适应网民需要，都纷纷搭建了博客、播客等平台，形成了千姿百态的客文化。

3. 大众化

数字文化的大众化体现在覆盖范围和参与受众的广泛性上。数字媒介已经深入人们的学习、生活和工作之中，尤其是互联网和手机终端的结盟，使数字媒介传播速度快捷、信息来源广泛、制作发布信息便捷的传播优势尽显无余。人们不分老幼、男女等，既可以成为文化的生产者、创造者，又可以成为文化的传播者、消费者。由于可以匿名和互动，能够做到"零成本"制作、即时更新、同步发送，人人乐于参与到这道文化大餐之中。比如，网络中的歌曲下载、娱乐动画、电子邮件、聊天互动等，都成了人们喜闻乐见的文化传播形式，成了人们乐此不疲的精神大餐，就足以说明数字文化在大众中的影响力。在虚拟空间中，人们可以畅叙胸怀、自由发表观点，表现出对传统的颠覆和对权威的挑战。对于社会热门话题，大到强国富民，小到菜篮民生，普通百姓都可以发表自己的看法。很多人还通过即时通信工具、博客、论坛等，建立群组和个性栏目，喜欢它们的人因此而聚集在一起分享和讨论，成了"数字共同体"。

（三）功能特征

数字媒介将人类带进了一个全新模式的虚拟消费王国和娱乐化时代。数字媒介正改变着人类的消费形态，它按照市场经济规律运作，生产、复制出大批量的文化产品，不断满足大众日益增长的消费欲望和感性娱乐需求，并创造着巨大的经济效益。正因为如此，数字文化除了传播知识和信息，还凸显出了娱乐化、消费化和商品化的功能特征。

1. 娱乐化

娱乐是人类生活方式的重要组成部分，技术总是呼应大众需求，积极为他们的娱乐感受、欲望释放创造条件。

数字技术的飞速发展，为人类娱乐增添了新的手段与方式，数字文化也变得越来越趋向于轻松、愉悦和娱乐需求，充溢着浓厚的休闲娱乐氛围。娱乐成了数字文化的主题，它穷尽心智，企望给生活在现代社会为生活奔波的人寻找乐趣。人们只要进入虚拟空间，其中的娱乐中心随处可见，轻松平面化的文学、色彩缤纷的 flash 动漫、迷幻式的游戏世界、风行一时的歌曲、互动式的 QQ 聊天、生动诱人的视频点播，等等。人们进入影院或打开电视，其中播放的各类影片和栏目令人眼花缭乱。当然，这种过于追求娱乐的后果，势必造成数字文化平面化、无深度甚至媚俗化。波兹曼担心文化成为充满感官刺激、欲望和无规则游戏的庸俗文化，这种担心很可能会成为现实。

2. 消费化

数字文化在本质上同消费文化是紧密相连的。进入 21 世纪以后，数字媒介日益成为社会、经济与文化不可缺少的组成部分，其影响力是任何媒介都无法相比的，它集推销员、生活方式的倡导者、流行时尚的制造者等重要角色于一体，引领时代的消费潮流。它运用当代科技高保真的声光色的刺激，迫使人们相信这个世界中的一切确如视觉影像世界所叙述的那样，此中只有真没有假，从而成了装饰世界也装饰受众心理的万能工具，极大地推动了消费社会的形成与发展。数字媒介通过传播信息、交流方式、娱乐项目等促进消费，把某些文化娱乐变成文化商品，从而使市场逻辑、商业逻辑成为虚拟社会的主导逻辑形式。数字媒介面向当代社会生活全面开放，已经成为人们日常社会生活最具支配性和主宰性的力量之一，引领着人们的文化需求，刺激着人们的消费欲望，把人们培养成显在或潜在的消费者，网络成了消费主义的兜售器。当然，数字文化成为消费主义的主要阵地也可以说迫不得已，它必须吸引人们的眼球，关注人们的消费需求，迎合人们的消费心理，只有这样，它才能积累资源和资本延续自身发展。

3. 商品化

消费主义的盛行，使数字文化产业应运而生。数字文化产业讲求"内容为王"，更坚持"创意为先"，广告、短信、游戏、视频等各类文化产品层出不穷，艺术、教育、培训、出版、旅游业也成了它的内容。数字文化生产遵循文化工业生产的逻辑，遵循市场经济的规律，成为当代文化生产的一个有机组成部分。事实上，恰恰是商品和利润维持了数字媒介的巨大开支，维持了数字时代不断扩大的文化制作规模。数字虚拟空间也成了一种市场空间，数字文化创作者的创作主要考虑的是数字文化产品所具有的商品属性。数字文化再也不是传统意义上的公共物品了，它崇尚"商品的拜物教"与"信息的拜物教"，成了一种可用来交换的商品。数字媒介与商品结成同盟，通过传播广告、消费信息来刺激消费需求，使商品的逻辑贯穿于数字文化消费的全过程，并不断地制造人类对数字文化的新需求。

数字文化产业已成为许多人用来谋求利润的高回报产业。

（四）精神特征

每一种革命性的技术产生，都会导致人类的生活方式甚至基本社会结构转型，从而开拓新的生存空间，形成新的生活体验，开始新的精神历程。作为 20 世纪发明的最引人注目的数字技术，正在全方位改变人类社会生活空间与精神生活空间的技术架构，深刻影响着人们的精神气质和价值追求。从精神的角度来看，数字文化最重要的特征是开放性、多元性、自由性。

1. 开放性

开放性是数字文化的基本精神。数字技术建构起了开放的全球性的信息交流和互动平台，超越了现实时空的限制，打破了地域中各种有形或无形的壁垒，信息以光速实时传输，人类的生存空间变成了地球村，人类的视野也因此变得无比开放。数字媒介以超文本和超链接的方式重组信息资源，开创了获取、阅读和发布信息的开放形式，"读什么"与"写什么"完全是个人自觉自主的选择。一个能够实现超文本链接的数字化内容，可以让人们由一个文本到另一个文本，可以轻松完成对某一主题和作品的全面阅读和了解。这种超文本链接还形成了开放的创作和信息表达方式，实现了作品发表和信息发送的在线化、作者的平民化和创造方式的交互化。同一部作品，世界不同角落的人可以共同在线参与创作和修改，形式和内容可以不拘一格。更为重要的是，数字虚拟空间是一个具有无限包容性和解放心灵的开放空间，它抛弃了现实社会的种种藩篱和规制，任何人都可以根据自己的意愿和需要获取自己想得到的信息，各种观点、思想、民族文化都可以在这里找到自己的位置，人们的交往与述说也不再受现实的国家、民族、阶级、社会地位等各种因素的制约，人类精神具备了摆脱束缚、获得解放的更大可能。

2. 多元性

数字文化的多元性主要体现在形式、主体和思想内容上。就形式来说，数字文化以声、文、图、像为手段，可以融高清晰度画面、强刺激的视觉冲击和完美的音响于一体，不断提升并满足人们的审美期待和视觉要求。就主体来说，虚拟空间的主体是自我设定的，因而也就不存在金钱、地位、等级的观念，没有传统的科层区分的束缚，没有专家和外行、男人和女人的区别，人们在相互交流中也不在意对方的身份。无疑，思想内容是最能体现数字文化的多元化的。数字世界没有统一的"主义"，没有绝对的权威，没有崇高的道德规范和整齐划一的道德秩序，没有庞大而完整的理论体系，甚至没有规范的写作与语法结构。人们投身其中，充满游戏心态和娱乐精神，更易于直接表达现实生活中不敢、不便表达的话语，经历现实中不可能的角色体验和情感体验，但同时也缺乏形而上的冲动和崇高信仰，没有历史深度体验，身体的满足与自娱的感性冲动成为灵魂逃亡和审美遁形的理想形式。多种观点并存，争鸣、批判和反击同在，中心和权威消失，专家的意见和外行人的见解同样受到质疑。数字文化倡导对"权威"的批判和对异己观点的包容，使人们之间的差异性、独立性、创新性、宽容性得到认同，不同文化之间得以相互了解和沟通。

3. 自由性

数字文化的自由性体现在人们可以自由参与、自由发表言论、自由表达观点、自由选择行为方式、自由决定价值取向、自由选择资源等方面。数字文化求同存异，具有很强的包容性和宽容度。由于数字媒介突破了传统文化的各种限制，它为人们提供了一个广阔的自由对话的平台。数字文化不仅增强了不同地域文化和传统文化之间的接触与交流，而且扩大了不同文化背景下的个体之间的接触，为个体的异地远程联系提供了方便。人们通过数字媒介可以进行任意主题的、长时间的、多媒体形态的联络，这种文化联系的自由度是前所未有的。总之，数字空间是一个自由空间，人们在参与上是垂直的，在交流上是平行的，在关系上是平等的，在选择上是自主的。

综上所述，数字文化的形成、发展是与数字技术和媒介的形成、发展密不可分的，数字文化也因此时时处处展现出数字技术和媒介的形迹和特点，并拥有一张多面的脸孔：从技术的角度看，它具有交互性、虚拟性和仿真性的特征；从主体的角度看，它具有多重化、个性化和大众化的特征；从功能的角度看，它具有娱乐化、消费化和商品化的特征；从精神气质的角度看，它具有开放性、多元性和自由性的特征。当然，数字文化作为一种拥有多面脸孔的新信息文化，我们或许还没有看到它的某些方面，甚至就是已看到的方面也有可能不够清晰和精确。

三、数字文化产业发展新态势

数字文化产业是人类进入数字时代以来不断创新发展形成的文化产业新业态。"数字文化产业是指以文化创意为核心内容，以数字技术为依托，以网络化、数字化、智能化、融合化为发展方向所进行的文化创作、生产、传播和服务的新兴产业，体现出生产数字化、传播网络化、消费个性化等特点。"[1]数字文化产业一方面指文化产业的数字化，即传统文化产业和数字技术融合的过程，也就是传统业态文化产业经过数字技术所进行的信息采集、处理、存储和传输技术的过程，即由于数字技术的应用所带来的生产数量的增加和生产效能的提升过程。文化产业的数字化通过数字技术对传统文化产业进行全产业及全链条的改造，体现出数字技术对促进文化产业发展的倍增和叠加的效应。数字文化产业另一方面指数字产业文化化，即数字产业巨头所推进的文化产业过程，这些互联网巨头纷纷投资数字文化产业。这有利于发挥数据作为文化产业新生产要素的作用，不断催生文化新业态、新模式，做大数字文化产业体量。

（一）数字文化产业发展与数字技术进步

数字文化产业的形成与发展得益于数字网络技术的发展。数字时代开始于20世纪60年代以来的网络技术的发展，大体上可以分为三个阶段，即传统互联网时代、移动互联网时代和智能物联网时代。

20世纪60年代，第一篇有关包交换（PS）的论文发表，ARPA（Advanced Research Projects Agency）资助进行分时计算机系统的合作网络研究，开始只连接了4台主机。进入70年代，Cerf和Kahn在英国伯明翰的Sussex大学召开的INWG会议上首先提出了Internet的概念。到了80年代，世界上已经有了5个超级计算中心，掀起了一个与Internet连接的高潮。1987年，在中国和德国之间采用CSNET协议建立起了E-mail连接，1987年9月20日中国发出了第一封E-mail。20世纪90年代是互联网迅猛发展时期。1992年Internet协会（ISOC）成立，发明了万维网（WWW）并在互联网上向公众开放，为联合

---

[1] 张伟，吴晶琦．数字文化产业新业态及发展趋势[J].深圳大学学报（人文社会科学版），2022，39（01）：60-68.

国提供在线服务。Internet 开始引起社会各界的关注，绝大多数国家注册域名，全球进入了互联互通的时代，这就是 Web1.0 时代，人们通过电话拨号上网，速度很慢，而且网络不是十分稳定。此时的纸媒开始衰落，新浪、搜狐、网易等门户网站成为解决人与信息交互的重要平台。

移动互联网是将移动通信和互联网二者结合起来而形成的以宽带 IP 为技术核心并提供语音、图像、数据和多媒体等服务的网络。移动互联网具有随时、随地、随身和互联网开放、分享、互动的优势，是互联网的技术、平台、商业模式和应用与移动通信技术结合并实践的活动的总称。1995 年，只能进行语音通话的第一代模拟制式手机（1G）正式出现。1997 年出现了第二代 GSM、CDMA 等数字制式手机（2G），这时的手机增加了接收电子邮件或访问网页的功能。2009 年，工信部将 3G 牌照发放给中国移动、中国电信和中国联通三家运营商。2013 年，工信部向中国移动、中国电信和中国联通颁发"LTE/数字蜂窝移动通信业务（TD-LTE）"经营许可，4G 正式开始了商用。2014 年，随着 5G 网络的部署，移动互联网进入全面发展期，手机保持第一大上网终端地位，我国移动互联网发展开始进入全民时代。移动互联网是 Web2.0 时代，人们通过 4G 互联互通，手机成为数字接收的终端。这时通信企业的短信业务开始衰落，有了微信、Twitter 等这些面向智能终端的即时通信。

物联网也被称为"万物相连的互联网"，与互联网的区别在于：互联网连接的是"人与人"；而物联网连接的是"人与物"和"物与物"。早在 1995 年，比尔·盖茨在《未来之路》中就提出了物联网的概念，到了 1998 年麻省理工大学系统提出了物联网的具体构想。物联网在中国早期被称为传感网。1999 年，中科院启动了传感网的研究，建立了一些适用的传感网。到了 2005 年，在突尼斯举行的信息社会世界峰会上，国际电信联盟发布了《ITU 互联网报告 2005：物联网》，这里正式确立了"物联网"的概念。物与物、人与物之间的信息交互是物联网的核心内容，其基本特征可概括为整体感知、可靠传输和智能处理。物联网是 Web3.0 时代，出现了人脸识别、自动驾驶、AI、区块链、元宇宙等数字技术和淘宝、美团、拼多多等各具特色的平台。

（二）作为文化生产组织新形态和资源配置新方式的数字文化产业新业态

数字文化产业新业态是适应时代的需要，反映文化产业创新，将新数字知识和数字技术转化为新产品和新的管理模式的结果，是适应数字技术变革进步的生产组织新形态和资源配置新方式。宋奇慧在其《中国数字文化产业研究》一书中分别将网络动漫、网络游戏、数字音乐、网络视频、无线娱乐以及网络文学、博客、微博和微信等作为数字文化产业新业态，主要是由于出版的时间比较早，其中所列产业业态显得不全。尽管国家发展改革委文件里提出有 15 种新业态和新模式，但是涉及数字文化产业的新业态并没有被完全包括进去。据考察，数字文化产业的新业态主要有数字媒体产业、动漫及衍生品产业、数字营销产业、网络文学产业、虚拟现实产业、数字教育产业、数字出版产业、数字音乐产业、数字文旅产业、数字直播产业、沉浸式产业等内容。

1. 数字媒体产业

数字媒体是数字技术与传统媒体相结合的一种新传播形态，指以二进制数的形式记录、处理、传播、获取信息的载体。进入数字时代以来，人们从传统媒体中获取新闻信息变得越来越少，更愿意在手机上去获取各种各样的信息，微信、抖音、快手等社交媒体已经成为大众获取新闻信息的重要数字媒体。我国数字媒体产业发展迅速，已初步形成以互动多媒体、自媒体、影像、网络等为主体形式，以数字化媒介为载体的产业链。随着大数据、人工智能、云计算和区块链数字技术的迅猛发展，互联网巨头相继大力布局产业互联网，短视频、社交媒体、网络直播等数字媒体不断涌现。

2. 动漫及衍生品产业

动漫产业是指由动画和漫画的内容生产、制作、传播所形成的产业；衍生品产业指 IP 形象应用和授权所形成的产业，如玩具、授权商品等。近年来，我国动漫产业坚持品牌化发展战略，运用数字技术手段创新表现形式，深入开展数字智能终端的动漫传播运营，延伸了动漫产业链和价值链，促进了动漫及衍生产品的数字文化消费。

如今，越来越多的传统行业巨头对动漫产业产生浓厚的兴趣，已经有企业成为这个领域的新玩家。食品企业三只松鼠直接涉足动漫内容的生产，融创文化对梦之城文化的战略控股完成了动漫领域的并购投资。

3. 数字营销产业

数字营销是借助数字技术和数字媒体，使用数字传播渠道来推广产品和服务的营销方式。百度营销全方位经营能力升级，完成了从"获客"到"留客"的过程。百度在 2020 上海创新营销峰会上发布了百度营销的品牌价值主张即"成长力引擎"，成长力由洞察力、连接力、激发力构成。随着腾讯授权区域营销服务中心在全国各地的持续落地，腾讯营销将持续升级服务能力，并进一步覆盖到区域下沉市场，帮助处于不同发展阶段、不同发展规模的各类型企业了解、尝试和使用腾讯营销解决方案。他们将通过整合腾讯生态资源，帮助区域企业进行品牌建设，连接线上线下、域内域外的多元交易场，采用分行业、精细化、全场景、全链路的运营服务模式，与服务商伙伴一起助力客户成长。数字营销手段是"推"与"拉"，通过网络平台、短信、微信群、公众号等进行"推"和"拉"式数字营销。

4. 虚拟现实产业

虚拟现实也称为虚拟技术、灵境技术、虚拟环境，英文名为 Virtual Reality，简称 VR 技术，是利用数字技术制造出逼真的人工模拟环境，产生一个三维空间的虚拟世界。我国虚拟现实产业联盟（IVR-A）2016 年在北京成立；2019 年在南昌举行的世界 VR 产业大会发布了 2019 中国 VR50 强企业名单。虚拟现实技术不断成熟，通过互联网平台、AR、VR 等技术的综合运用，助推更多企业进入虚拟现实领域。OPPO、创维、联想、惠普等企业入局虚拟现实终端产业，分别推出 AR 眼镜、VR 一体机、分立式手机、VR 头显等装备；谷歌、微软、脸谱、华为、小米等龙头企业相继发布虚拟现实新产品。随着虚拟现实终端市场迅速扩大，虚拟现实产业规模不断增长。

5. 网络文学产业

网络文学从广义来说是就载体而言的，通过网络发布的文学作品统称为网络文学，此外还包括经过数字扫描技术进入网络的已经存在的文学作品和通过计算机创作的文学作品等。我国的网络文学产业经历了从无序到有序并逐步形成商业化和产业化的过程。阿里、腾讯、爱奇艺等互联网巨头纷纷布局网络文学。阿里文学于 2015 年 4 月进军到网络文学行业，旗下有淘宝阅读、优酷书城等平台。2018 年，腾讯和其子公司阅文集团共同收购了新丽传媒，形成了 IP 加影视制作的全产业链。

不仅如此，网络文学 IP 具有很长的产业链条，可以被改编成电影、影视、舞台剧、主题公园、线下产品，甚至可以再授权，还可以开发成游戏等。

6. 在线教育产业

在线教育指的是通过数字技术进行教育内容的传播和知识学习的方式。国民教育系列一般不提教育产业化，但是其他的教育领域可以列入文化产业部分，浙江杭州的文化创意产业八大重点行业中就有教育培训业。

7. 数字出版产业

与数字出版相关联的数字阅读也是目前数字文化产业崛起的一股重要力量。数字阅读是指阅读形式和过程的数字化，过去人们读书、看报纸或杂志，现在人们阅读电子书、网络小说，看网页、数字报纸或者数字杂志。不仅人们的阅读对象发生了变化，所面对的对象不再是过去的纸质形态，而是诸如台式电脑、笔记本电脑、手机、阅读器等；而且阅读的方式也发生了数字化的变化，数字阅读具有随时随地的便捷性、大家共读的互动性、阅读载体的多元性，还有价格低廉、信息量大、便于检索和便于阅读等特点，日益成为人们阅读的主要方式。但是数字阅读时间的碎片化、方式的娱乐化和内容的浅层化也是值得注意的问题。图书出版机构、大型互联网公司和网络文学平台等纷纷涌入数字阅读的行列，从而推动中国数字阅读市场迅速发展。

8. 数字音乐产业

随着数字技术的发展，数字音乐产业已经成为音乐产业的重要内容，其中包含数字音乐、在线 K 歌以及泛娱乐直播市场等，其产业营收主要由用户付费、广告收入以及版权运营等构成。数字音乐是指用数字格式存储，通过网络为平台进行传输的音乐，有铃声类和原声类两种。由于是以数字格式记录和存储的，数字音乐具有远离实物载体、传输速度快、音质无损耗等特点。

9. 数字文旅产业

数字文旅是一种通过数字技术打破文化产业和旅游产业的边界，以数字化、智能化、体验化为特征的新的文化旅游体验方式。

5G 技术的大宽带、大容量和低时延特点，将从资源端、运营端、游客端推动文旅产业数字化、智能化转型升级。数字文旅产业将打破传统旅游时空限制，打造数字虚拟空间。《天天爱消除》故宫特别版、《故宫回声》的主题漫画以及腾讯与云南的"新文旅 IP 战略合作计划"等都是数字文旅产业的新实践。

10. 数字直播产业

2021 年 4 月在广州举行的中国直播产业数字经济大会分享了直播产业数字经济发展趋势，交流了直播电商创新前沿，开展了直播带货商家培训，助力直播产业蓬勃发展。数字直播寻求"直播化、数字化、产业化"特色，聚焦中国新消费窗口红利期。

11. 沉浸式业态产业

沉浸式业态是以文化创意为核心内容，以 AR、VR、全息投影等数字技术为载体所形成的互动性和沉浸式的产业业态。沉浸式业态目前包括：沉浸式演艺、沉浸式灯光秀、沉浸式展览、沉浸式主题公园和沉浸式餐厅等。

沉浸式灯光秀是一种高度沉浸式虚拟现实的体验业态。它是通过光、影，再结合音响、3D 投影、音乐喷泉灯光秀等数字手段，打造极具体验感的综合性视听的一种文化产品，能为参与者带来亦真亦幻的超常体验。2020 年 9 月 9 日，在山西省第六次旅游发展大会上，以古城门楼为背景的"长城之夜"炫彩灯光秀表演，为观众带来了一场流光溢彩、美轮美奂的视觉盛宴。

沉浸式展览是依托 AR、VR 等现代化数字技术，对所展出的展品进行三维建模，从而复原历史文化场景的一种体验业态。2019 年 6 月，国家博物馆举办了"心灵的畅想——梵高艺术沉浸式体验"展览。整个展览通过灯光、音乐、VR 互动等现代科技手段，再现了梵高的优美画作，各个展厅全方位、多角度地调动参观者的多感官沉浸式体验感。

沉浸式主题公园是通过场景营造，为人们搭建一个全感官体验的沉浸式体验空间。2019 年 5 月 31 日，沉浸式文旅项目《星球大战——银河的边缘》在佛罗里达奥兰多开业。迪士尼幻想工程公司花了 5 年的时间进行规划，迪士尼的艺术家们利用数字技术，发挥了更大的想象空间，使得"星球大战"在地球上成为现实。《星球大战》里的飞船、外星人、机器人、外星生物都集中在这里，给游客带来了前所未有的沉浸式体验。

（三）体现文化产业未来方向的数字文化产业发展新趋势

数字文化产业发展迅速，成为我国文化产业发展新的增长点，体现出文化产业未来的发展方向，其发展趋势呈现出如下特点：

1. 数字文化产业是文化产业的下一个风口

"风口"是一种趋势的代名词，数字文化产业是文化产业的下一个风口。我国人口众多，构成了庞大的网民规模和快速发展的数字文化消费市场，也为数字文化产业迅速发展奠定了坚实的基础。第 46 次《中国互联网络发展状况统计报告》显示，截至 2021 年 12 月，我国网民规模达 10.32 亿，较 2020 年 12 月增长 4296 万，互联网普及率达 73.0%。

5G、云计算、大数据、物联网、工业互联网、区块链等数字技术的迅速变革也在推动数字文化产业出现翻天覆地的变化。特别是在 2019 年底，我国 5G 技术商用启动，已开通 5G 基站数量达 15 万个，5G 通信技术将带来更快的传输速度，提升用户的数字文化产业相关产品服务的体验，让数字文化产业更具想象空间。随着我国 5G 建设的完善与商用、人工智能技术的应用与发展，数字文化产业链在未来 5 年将进行新一轮升级。

2.BAT 互联网巨头纷纷投资数字文化产业

阿里巴巴及早进行了文化娱乐领域的布局，并于 2016 年整合成立了文化娱乐集团。阿里巴巴在上游内容领域和浙江日报报业集团合办文化产业项目，以 62.44 亿港币获得文化中国 60% 的股份，以获取文化中国的一些视频及牌照资源；同时联合云锋基金以 12.2 亿美元购得优酷土豆普通股 7.211 亿股。百度以自身自带搜索引擎的产品为流量入口，在影视、文学、图片等多个领域打造垂直型媒体矩阵，在数字文化领域的投资主要集中在影视、媒体、视频领域。腾讯宣布从"泛娱乐"向"新文创"战略升级，探索以 IP 构建为核心的新文化生产方式。腾讯依托互联网、云计算、大数据等技术，设计了"一部手机游云南"项目。2020 年，腾讯新文创总部落户成都，这是全国首个功能型总部。

3. 短视频市场竞争日趋激烈

"视频日志"在短视频市场竞争中处于焦点位置。"视频日志"也叫 Vlog，其中文名为微录，意思是视频记录、视频博客、视频日志。Vlog 既具短视频轻快的特性，又拥有较为丰富的内容，不断受到用户追捧。

4.用户下沉成为数字文化产业发展新动向

随着互联网用户规模增速逐步放缓，数字文化企业积极开拓下沉市场，粉丝经济将生产和消费融为一体，成为流量变现新途径。数字媒体持续向高龄和低龄两端群体渗透，三线以下城镇市场有望成为数字媒体行业的蓝海，初中及以下学历群体规模庞大，成为被争夺的对象。

5.数字营销产业正成为热点行业

随着数字营销产业链条的逐渐清晰化，数字营销市场的混乱局面已经有所改变，转向有序化经营，各种厂商的专业分工会更加明朗。与 5G、云计算、大数据、物联网、区块链等最新技术深度融合，数字营销进行了各种营销模式的创新，其中，直播直销等正成为数字营销应用的热点行业。

6.数字文旅产业将得到快速发展

随着生活节奏的加快，人们更加向往大自然的环境，希望通过旅游和休闲享受生活，未来数字文旅将会成为旅游业的重要部分并高速发展。数字文化产业可以为旅游业注入文化的"魂"，而旅游业则是极佳的文化嫁接体。"一部手机游云南"是云南省和腾讯合作的云南旅游权威平台，这里提供吃、住、行、游、购、娱各环节的全方位服务。

7.数字文化产业消费需求旺盛

随着居民消费结构不断升级，数字文化消费需求形成了快速增长的态势。数字文化企业有效增加数字文化产品供给，丰富服务内容和模式，引领数字文化消费潮流。

首先是圈层消费的兴起。借助平台私域流量和社交流量，圈层消费更容易触达目标人群，从而导致圈层消费、垂直平台和小众产品越来越兴盛。如今"Z 世代"作为互联网原住民而成为数字文化产品消费的主力军。"Z 世代"一词意指在 1995—2009 年间出生的年轻人。这些年轻人的成长受到互联网、智能手机和平板电脑等科技数码产品的影响，也经常被称为网络世代或是互联网世代。

其次是消费场景更加多元。随着 5G 技术的深入发展，数字文化消费将重新布局全场景娱乐新模式。人工智能技术的进一步完善和更广泛应用将为数字文化场景等领域带来具有开创性的新发展。

中国文化产业要依靠数字经济快速发展带来的红利，推进数字文化产业的生产要素持续优化升级，坚定走数字化、网络化、智能化的全面转型之路，推动我国数字文化产业向纵深发展。

第二节　公共图书馆数字文化建设的意义体现

一、图书馆文化概述

图书馆与文化有着密切的关系。首先，图书馆形态是文化的一种具体形态，图书馆的产生和发展是一种社会文化现象。而在图书馆的发展过程中，社会文化环境和民族文化传统又是影响图书馆发展的最为重要和直接的原因。所以说，图书馆工作是文化工作，图书馆事业是文化事业，图书馆机构是文化机构，这在图书馆现象的历史发展和现实领域处处得以体现。图书馆作为专门的组织机构，其基本的职能就是通过具有一定文化素质和文化创造能力的人及群体搜集、整理、存储、传播、交流文化载体及其文化信息。

（一）图书馆文化的内容与范畴

1. 图书馆文化的内容

回顾图书馆文化理论的研究，它是在 20 世纪 80 年代初由美国图书馆管理学者将文化作为一种新兴管理哲学率先提出，并得到国际社会高度评价。之后，随着国内文化热潮的掀起，这一理论在我国迅速传播。而自 1998 年第 64 届国际图联大会提出"信息与文化的聚合点"主题后，全球范围内学界同人取得了"图书馆保存从古至今永恒结构的文化"的一致认识。

在谈到图书馆文化与社会文化的关系时，它具有社会文化的共性，反映一个国家、一定历史阶段的文化特征和社会价值观。同时，图书馆文化作为图书馆机构的组织文化、图书馆学的专业文化，它又有着区别于其他组织、其他专业的独特的内容结构、功能特征及社会地位。

图书馆文化是图书馆领域内与图书馆现象有关的各种物质文化与精神文化形式与内

容的统一体。具体地说，也就是图书馆在从事文献资料的收集、整理、加工、传递等一系列活动过程中所体现出来的文化现象的特征和丰富的内涵。它包含图书馆从物质形态、组织制度到精神意识的一切文化现象，是一种具有自身特色的亚文化形态复合体。从社会文化的角度来说，图书馆文化实质上是一个从文化保存和传播到文化继承和创造的循环过程，是由客观文化价值到主观精神再到客观文化的转换过程，是通过文化的传承来陶冶人格、提升个人文化素质、促进个体全面发展并进而推动社会进步的教育过程。从组织的角度来说，图书馆文化为图书馆所特有，是图书馆区别于其他行业的标志。对于单个图书馆来讲，图书馆文化是其组织的文化，即图书馆组织文化。

在内容上，图书馆文化包含三个子系统，这三个子系统构成处于同一自然环境和社会文化环境中由表及里的三个层次，即表层的图书馆物质文化、中层的图书馆制度文化和深层的图书馆精神文化。图书馆物质文化是一种外在器物文化，是图书馆建设的物质成果，是图书馆独立于人的意识之外的客观存在的总和，包括图书馆建筑、图书馆藏书、图书馆设备、图书馆环境等要素，它是图书馆文化建设的硬件部分和物化表现形式。

另外，图书馆物质文化并非指列举的这些要素本身，也不是各种要素的简单组合，而是通过这些要素所反映出来的、因注入了社会关系和人类情感成分而表现出来的文化观念和文化内涵。图书馆制度文化是调节图书馆内外关系和行为方式的规范性文化，包括图书馆领导体制、图书馆组织机构、图书馆管理制度等要素，它是图书馆文化的保障，保证图书馆工作的正常运行和实现自身的功能。图书馆精神文化是图书馆文化心理和意识形态，是图书馆文化的核心部分，包括图书馆哲学、图书馆价值观、图书馆精神、图书馆道德、图书馆风貌等要素。在对图书馆文化进行的早期探讨中，它常常也在狭义上成为图书馆文化的代名词。这三个子系统、三个层面有着密切的关系。

图书馆物质文化是图书馆制度文化和精神文化的基础；图书馆制度文化主导图书馆物质文化的实践，并影响图书馆精神文化；图书馆精神文化规定着图书馆物质文化和制度文化的发展方向，对二者具有灵魂和生命力的作用。正是它们互相影响、相互作用，才融合成了图书馆文化的有机整体。图书馆文化的每一层面包含有不同的要素，但是每一种要素并非能绝对地归并到其中的一个层面。如图书馆环境文化就包括了自然环境和社会环境，分别归属于物质文化和精神文化领域；而图书馆服务文化，也横跨了物质文化、制度文化和精神文化三个层面。

概括而言，图书馆文化包括的要素主要有地域环境、建筑、园艺装饰、布局、视觉识别、藏书、技术及设备、规章制度、服务以及通过这些要素所体现出来的图书馆形象、精神、目标、价值观和道德规范等。这些要素本身又是由不同的内容所组成的。因此，图书馆文化的构建，实际上就是组织这些要素，将各种要素运用恰当，运作合理，使之体现图书馆的时代特征和风格，从而充分发挥图书馆的功能。

2. 图书馆文化的范畴

图书馆文化是社会整体文化大系统中的次文化，与整体文化紧密相关，两者是部分与整体、局部与全局、从属与主导的关系，并且具有行为主体职业个性及其相对稳定的特征。

图书馆文化的创造主体是图书馆馆员，图书馆馆员在创造图书馆文化的同时，馆员思想、行为又受到这种文化的支配。

构成图书馆文化内涵的主要是非物质性的精神产品、行为准则、行话、专业知识、发展目标等，而事实上，图书馆文化的精神意识，是以文献资源做后盾，以馆舍、人员、设备做保障。所以，图书馆物质文化是图书馆文化不可或缺的基础。而缺乏图书馆"物质内容"积淀的"图书馆文化"显然是不完整的，因此，应该将图书馆文化作为一个包含有物质、精神等多方面内容的综合性整体去考察。同时还须指出的是，要从图书馆历史的角度看待图书馆文化的问题。虽然图书馆在古代呈现出不同于近、现代的形式，比如，中国古代图书馆为藏书楼，但是它同样存在于当时社会文化的涵盖下，同样体现出当时的社会文化特征，发挥着以保存文献、整理文献为主的功能，有着与当时的社会文化背景相一致的图书馆物质文化、制度文化、精神文化内容。

（二）图书馆文化的作用表现

图书馆文化是社会文化的子文化。一方面，人类社会文化背景的发展变化制约、影响图书馆文化的发展演变，图书馆文化是一种能够很好地体现特定时期人类社会生活中科学、教育、文艺及人们的价值观念、思维方式等心理状态的社会文化；另一方面，图书馆文化本身又是社会文化系统下的独立子系统，它是在图书馆长期的实践中形成和发展起来的，具有自身独特的内容结构、功能特征和社会地位。正确理解图书馆文化的含义及其范畴，既是学习过程中展开图书馆文化研究的前提和基础，又能为实际工作中变革传统的管理方法、实现科学管理提供方法论的指导。

1. 图书馆文化能让学习者树立起一种全新的整体性图书馆认知观念，有助于学习者更加深刻地认识和把握图书馆现象

"图书馆文化"范畴全面地涵盖了图书馆现象总体，表现为三方面：第一，"图书馆文化"比较准确地反映了图书馆现象的本质特征，说明图书馆现象是人类社会创造与发展的一种文化现象；第二，"图书馆文化"全面地概括图书馆现象的内容和要素，是整合图书馆现象各要素（物质要素、制度要素、精神要素）有机形成的一个统一体，它涵盖了图书馆现象的多个侧面和层次，是一种科学的图书馆系统化观念和方法；第三，"图书馆文化"在涵括了图书馆现象整体的同时，也指出了其核心层次——图书馆精神文化，这使得"图书馆文化"更具认知功能。

2. "图书馆文化"是对传统的图书馆管理的文化超越与整合，并且能让图书馆的管理者掌握一种系统性图书馆工作方法

例如，古代图书馆文化、近代图书馆文化，目的是为了在实践中合理地构建现代图书馆文化，实现图书馆文化的科学管理。现代图书馆里，实施的仍然是由计划、组织、指挥、协调、控制等一系列过程形成的传统的图书馆管理方式。这种传统管理方式，突出的是对工作任务的目标管理，强调对物质资源的分配与控制，并不能充分地实现图书馆馆员的价值和挖掘图书馆馆员的潜能，也不能促进图书馆馆员能力的全面发展。而"图书馆文化"强调图书馆物质基础、制度建设及意识形态是一个不可分离的文化整体。因此，"图书馆文化"能为革新、整合图书馆管理开辟广阔有效的途径，推动图书馆事业的建设与发展。

（三）图书馆文化的主要功能

1. 教育功能

图书馆文化中的教育功能是在图书馆发展初期，即在书院阶段就已经形成的文化功能。作为一个机构，图书馆不仅是留存历史，更重要的是普及教育。在辛亥革命以后，近代图书馆更是将开发智力资源、进行社会教育和传播民族优秀文化作为一项重要的内容，

在地位上等同于文献的收集保存。今天图书馆更是成为进行社会教育的大课堂，公共图书馆、高校图书馆等各种类型图书馆的建设都是在实现和继承图书馆文化中教育的特殊功能，并将这种功能发扬光大。

2. 组织功能

经过若干年的发展和历史积淀，图书馆已经是一个组织结构非常完善的机构。图书馆文化的组织功能体现在它已经能够通过自身所创造的物质、精神财富来稳定和约束职工队伍，并建立和形成了一套完整的规章制度和职业道德规范，对图书馆职工的思想、行为起引导作用，使之与图书馆的目标相符，并使职工不断去追求、实现自己的价值，完善自己的形象。同时，成熟的图书馆也通过协调图书馆的组织方式、疏通上下级沟通渠道、协调好图书馆内部的物质分配等，营造良好的图书馆环境，调整职工情绪，使职工在工作时能保持愉快的心情并做到全力以赴。

3. 辐射功能

图书馆文化的辐射功能在很多关于图书馆文化功能的论文中都有提到，我也非常赞同这个观点。图书馆文化是社会文化系统中的一个子系统，处在各种社会文化环境的巨大磁场下，受到来自各方面的影响，比如，网络文化环境的影响、大众消费文化的影响，等等。但是，图书馆文化的辐射功能又体现在它接受影响的同时也将自身的影响辐射到整个社会，给周围社会文化场所带来不可忽视的影响。

二、公共图书馆数字文化服务的内涵

公共图书馆服务最本质、最基本的特征是公益性，免费服务就是文化服务行为公益性最直接的表现。从公共图书馆事业本身看，它是为每一位社会成员提供各种文化服务的公益性事业。因此，公共图书馆提供的数字文化服务其实就是公益性的数字文化服务。公益文化服务是不以营利为目的的公共文化事业，它的相对概念是经营性文化产业。

公益文化服务的主要着眼点在于社会效益，其目的则为非营利性。从实质上讲，公益文化其实就是面向全社会的文化，它所提供的非竞争性与非排他性的公共文化产品和服务是面向全体人民大众的。从字面上看，"数字文化"是指以数字形态存在和发展的，并以网络为载体传播的文化，数字文化可以看作是人类文化发展数字化的一个最典型的体现。

公益文化与数字文化结合之后，便产生了公益性数字文化。所谓公益性数字文化服务，是指以国家财政投入为主要资金来源，以满足广大人民群众基本的数字文化需求为目标，表现为数字化的信息资源、智能化的科学技术、网络化的传播途径、泛在化的服务以及实体化的管理，具有公益均等、公开透明、互动性强等特点的一种文化服务形式。公益性数字文化服务涵盖范围广泛，它既包括电视、广播、电影与手机等传媒，也包括公益数字文化网站；既面向大众提供文化信息资源，也面向不同的对象提供有针对性的服务，例如，青少年、残疾人、盲人等弱势群体。而公共图书馆是政府主办的公益性文化服务机构，是公共文化服务体系建设的骨干，同样也是数字文化服务的主要实施者。公共图书馆所提供的数字文化服务基本上包括在公益性数字文化的内涵中，而它更多的是通过网络作为媒介提供服务。

三、公共图书馆数字文化服务建设的意义

第一，公共图书馆数字文化服务建设是公共文化服务体系的重要组成部分。公共图书馆数字文化服务是 21 世纪数字信息时代公共文化服务体系的新形式，它体现了我国公民对公益数字文化权利的需求，是构筑数字文明的福祉，是一项推动文化创新的重大举措，也是建设和谐社会必要的举措。公共图书馆数字文化是文化事业研究的一个分支，对其研究可以丰富整个文化体系的研究内容，同时，对于加强与其他学科的联系也起到重要作用。公共图书馆数字文化服务建设在目前来说，是一个创新性的课题方向，也是文化在现有信息技术环境下新的发展形式，这对于开拓新的数字文化发展空间来讲意义重大。可以说，公共图书馆数字文化服务的建设将推动公共文化服务体系的发展，并对体系的构建发挥重要的引领和指导作用。

第二，公共图书馆数字文化服务建设有助于缩小数字鸿沟。公益性数字文化服务的优势显而易见，它采用现代通信技术和网络技术，时空限制性小，传播速度快，可以大量复制并且重复利用。推进公共图书馆数字文化服务建设，可以缩小不同地区在文化信息资源获取上的不平等，使地处偏远、经济贫困地区的群众同样能够更经济、快捷地享受到数字文化服务，满足基层群众的数字文化需求，在一定程度上能够改善我国数字文化服务建设的不足之处，实现数字文化信息资源在全国或区域范围内的共建共享，实现普惠的文化

服务。

第三，公共图书馆数字文化服务是文化服务形式的创新。公共图书馆提供的数字文化服务是一个全新的文化服务形式。这种文化形式具有高度的开放性与包容性，使之成为社会全体成员可以平等共享的财富。公益性数字文化的发展，极大地拓展了文化获取困难群体的认知了解和实践活动的范围，前所未有地延展了人们的交往领域，文化贫困群体可以突破现实世界的诸多限制，在崭新的空间参与文化活动，这样一来便能够促进社会大众的文化交流、文化理解和沟通。可以说，公共图书馆数字文化服务赋予了大众文化新的灵魂，这些服务必将推动传统文化形式产生新的变革。

第四，公共图书馆数字文化服务建设有利于推动文化体制改革。把经营性的文化产业剥离出来，是文化体制改革的一个主要目标。公益性文化服务建设，是公益性视角下公共文化体系的重要组成部分，它与文化产业相互对应，相互配合，共同完善公共文化体系。发展公共图书馆数字文化服务，在促进经营性的文化产业与公益性文化服务构成一个整体的同时，还有利于将营利性文化产业、非营利性文化产业，公益性文化服务、公益性数字文化服务之间的关系做出界定，从而在文化产业与公益性文化服务，公益性文化服务与公益性数字文化服务之间找到一个平衡，推动文化体制改革。

第三节　公共图书馆数字文化建设中新技术的应用

"公共数字文化建设是公共文化体系建设的重要组成部分，图书馆作为国家公共数字文化建设的主体和主导者，引领着公共数字文化建设的发展。"[1]针对新技术在图书馆数字文化建设中的应用，本书提出以下几点建议：

第一，图书馆服务应不断适应当前环境下的技术变化。在互联技术快速发展的今天，随着各种新技术新设备越来越普及，公共图书馆作为公共数字文化建设的主体和主导者，应保持敏锐的嗅觉和不断学习的态度，与时俱进地推进公共图书馆数字文化服务新形态，

[1] 刘小杰.公共图书馆数字文化建设中新技术应用思考[J].曲靖师范学院学报，2018，37（06）：125-128.

创新公共图书馆数字文化服务方式，为读者提供更专业、更个性化的数字文化信息服务，只有这样才能在新技术层出不穷的公共数字文化建设中保持先进和主体地位。

第二，优化公共图书馆数字文化资源结构配置。公共图书馆应从整体上考虑优化数字资源结构配置，联合区域内的图书馆搭建数字资源共享共建平台，对于外购数据资源，统一协调分配，进行数字资源差异采购，形成资源互补和共享；对于自建资源，结合本地区特色，各自建立具备地方特色的优质资源库和专题资源库，形成地域化的公共数字文化资源。

第三，完善公共图书馆数字文化服务标准规范体系。在优化结构配置的同时，要进一步完善公共图书馆数字文化服务体系的标准规范体系，制定通用兼容的技术标准与规范，逐步完善和推广应用公共图书馆数字文化服务标准体系。只有这样，公共图书馆数字文化服务体系才能形成统一互通的底层数据架构，才能在为公众提供最优质的服务方面发挥最大的效能。

因此，我们在公共图书馆数字文化建设过程中，要将公众的文化需求放在第一位；以技术驱动服务，并利用新技术形成多元化的服务模式；强化服务意识，加强公共图书馆数字文化服务的宣传，吸引社会力量加入公共图书馆数字文化服务的建设中来，多方位提高公共图书馆数字文化服务效能。

第五章　公共图书馆数字文化服务方式与改进建议

第一节　公共图书馆数字文化服务的基本理论

一、公共图书馆服务理论

（一）图书馆服务的界定

《中国大百科全书·图书馆学 情报学 档案学》将图书馆服务定义为：图书馆利用馆藏和设施直接向读者提供文献和情报的一系列活动，有时也称作图书馆读者工作。其外延是现代图书馆不仅通过阅览和外借的方法为读者提供印刷型书刊资料，还提供缩微复制、参考咨询、编译报道、情报检索、情报服务、定题情报检索及宣传文献情报知识的专题讲座、展览等服务。

不同学者对图书馆服务的界定不尽相同，有以下代表性内容：

1.图书馆有丰富的图书文献，根据读者不同需求，通过利用图书馆资源的方式，满足读者的文献和信息需求。同时，图书馆把读者服务、读者工作和图书馆服务综合起来，让图书馆可以有效运行。

2.图书馆的服务以馆内的基础设施，相关设备和馆内资源为基础，凭借真诚的服务满足读者需求。因此，图书馆是一个服务活动的过程，在图书馆能满足读者的精神需要。

3.图书馆围绕读者的信息需求来开展工作，服务可分为两大类：一是信息资源提供服务；二是信息咨询服务。图书馆服务的意义不仅是满足读者的信息需求，需要开展的工作还应包括图书馆在服务过程中的服务理念、提供的服务质量、服务开展的工作环境，以及图书馆工作人员的专业能力和态度。

4.图书馆服务主要针对读者进行，展现出了图书馆的实际价值，在一系列图书馆活动中，图书馆满足了读者和社会的需求。图书馆服务中含有三个要素的内容：一是读者和社会是图书馆服务的对象；二是图书馆资源是图书馆的内容；三是体现图书馆需要实现的目标。

5.图书馆利用图书馆资源满足读者的信息需求，在这个过程中体现各个行为过程。

6.现代图书馆服务主要可以分为四方面：一是针对休闲场所的服务活动；二是针对学习场所的服务活动；三是针对文化信息中心的服务活动；四是作为营销机构的服务活动。在不同图书馆服务中，根据特定服务项目来实现。

7.图书馆文献。图书馆文献的使用和服务、用户开发、用户研究、用户教育等统称为图书馆服务，图书馆服务与用户服务、读者服务意义相同。

8.图书馆为社会和读者提供足够的文献信息资源，形成图书馆独特的活动内容，即读者服务。

分析不同学者对图书馆服务的定义可以发现，图书馆服务存在几个共同的结构要素：第一，图书馆的服务对象，即图书馆的用户，也是图书馆服务的使用者，以不同的社会群体和读者为主体，其中，某个人或某个单位不一定是图书馆文献信息资源的使用者。第二，图书馆资源，这是图书馆服务资源。有了图书馆资源，图书馆才能开展后续的服务工作。图书馆资源是图书馆形成的基本条件，包括信息、人力、设施等社会和个人可利用的一切资源。第三，服务需求，这主要是文献信息，也包括其他类型的服务请求。第四，实现服务的各种服务方式，只有有效的服务方式才能满足社会和用户的需求。因此，图书馆服务是图书馆利用自身资源，采用多种方式，满足社会和用户在文学、信息等方面需求的一系列服务活动。这些定义有前瞻性，既符合当前图书馆服务工作的现实情况，也符合图书馆未来发展的趋势，是图书馆发展的指向标。

（二）公共图书馆服务工作体系的内容

在公共图书馆的各项业务工作中，围绕服务形成了一个内容丰富的完整工作体系，主要包括以下五方面：

1. 研究读者

研究读者是公共图书馆服务发展的基础，这主要从两方面研究读者：一是读者的文献需求；二是读者的阅读规律。读者是公共图书馆服务的对象，是公共图书馆存在的基础。读者对公共图书馆文献信息的需求和利用最直接、最具体，能切实反映社会信息需要，正是因为有读者的存在，才让公共图书馆有了生存的土壤，公共图书馆的工作要围绕读者展开。

开展读者调研，有助于公共图书馆管理人员整体了解读者的需求，了解读者性质和读者需求的规律，要大幅提高公共图书馆服务的相关性，正确引导读者的阅读动机，不断提高和扩大公共图书馆服务的内容，完善服务方式，拓展读者服务领域，提高公共图书馆服务工作质量。

2. 组织读者

组织读者是公共图书馆为实现服务和管理目标而实施的与服务运营相关的管理行为。其主要任务是组建和发展读者群，确定好读者服务内容，明确读者服务范围和服务优先级、制订发展计划、做好读者开发和注册工作、细分读者类型、识别读者心理需求、组织和协调读者等。

读者组织要根据公共图书馆工作的变化及时变更，要持续不断地研究读者的情况，掌握读者的变化。只有了解读者的阅读习惯及需求，才能不断使公共图书馆服务与读者的需求匹配，公共图书馆服务管理方式的变化应该有规律，要同步读者需求的变化一起进行。组织读者也是改进公共图书馆服务、提高公共图书馆管理工作水平的有效途径。

3. 组织服务

在深入研究的基础上，通过多层次、多方位的综合服务配置，最大限度地利用公共图书馆的多样化资源，准确识别读者需求，最大限度地提高读者的满意度，让公共图书馆实现社会价值和最终服务目标。

组织服务工作的内容也包含多方面，其中，主要包括让服务方式更高效、让服务范围更全面、让服务内容更多样、让服务水平更有质量。公共图书馆为读者服务的方式主要取决于公共图书馆的性质、规模和服务对象需求，并在不断变化中。

互联网已经在日常生活中普及，计算机技术也显著提高，互联网信息技术在公共图书馆中得到广泛应用，导致现代公共图书馆将服务模式从传统向现代数字服务转变。因此，在现代公共图书馆的服务中，通过网络来提高公共图书馆服务是发展方向。该领域的服务包括资源搜索与下载、资源自借、在线完成读者调查、资源导航、电子资源数据库、上传与共享资源、开拓个人学习空间、收集用户反馈等内容。

总之，公共图书馆服务的构成受到多方面因素的影响，除了公共图书馆的具体情况外，还有社会发展水平。对于公共图书馆服务总体要求是在时间成本和投入成本最少的情况下，为大多数读者提供最合适的信息资源。

4. 读者宣传辅导

读者宣传辅导工作是非常重要的一部分，充分体现了公共图书馆的教育职能。读者宣传辅导工作主要包括三方面的内容：一是读者宣传工作；二是读者辅导工作；三是读者培训工作。

（1）读者宣传。读者宣传是公共图书馆科学管理读者的主要方式之一。公共图书馆宣传自身独特的作用，目的是了解和调查读者的阅读需求，积极向读者公开和征集信息资源，让读者了解公共图书馆的形式和内容，传播先进思想、科学知识等各种文化信息。同时，以各种形式向读者传播最有趣、最必要的信息，满足读者的信息需求，让这些信息可以在合适的时间呈现在读者面前。读者可以通过使用公共图书馆的众多资源和服务满足自身需要。

（2）读者辅导。读者辅导是根据读者的具体情况来回答读者提出的问题，及时解决读者的问题。为了更好地辅导读者，公共图书馆员必须充分了解公共图书馆内的各种信息资源、不同信息资源的特点、公共图书馆的服务流程、读者的行为习惯，以及读者对信息的需求。在读者熟悉公共图书馆的各种服务程序的情况下，了解读者行为、阅读习惯和信息需求心理，在读者使用公共图书馆服务的过程中，帮助读者选择资源范围，引导读者选用到正确的信息资源内容，帮助他们学习如何使用信息资源和公共图书馆。读者辅导要为读者提供信息技术，让每位读者可以更好、更高效地获取知识，提高获取信息的效率和阅读效果。

（3）读者培训。读者培训是指根据不同读者的共同需求，通过讲座等多种活动方式，帮助特定的读者群体提高公共图书馆和资料的使用能力，让公共图书馆资源可以得到更高效的利用。读者培训主要以两种方式开始：一方面，它是可以让读者一直学习的地方，在这里，各个年龄段的人都能获取图书资源。通过有效培养读者的情报意识，让读者对使用公共图书馆有更大兴趣，让读者可以将公共图书馆当成好老师和乐于助人的朋友。另一方面，鼓励读者使用公共图书馆资源，通过公共图书馆的信息检索技术学习，获取自己所需要的信息资源，充分发挥出公共图书馆的教育价值，鼓励更多读者使用公共图书馆资源。

5.服务管理

服务管理是一项组织管理工作，主要围绕馆内读者工作部门的业务活动进行，包括三方面的内容：第一，针对读者服务主体管理；第二，针对读者服务人员管理；第三，针对读者服务设施管理。这三方面都是服务管理的重点。这包括设立服务机构、安排工作，并做好人员分工，合理进行人员配备，明确工作职责，制定科学的规章制度，优化业务流程设计，组织公共图书馆活动，不断改进服务方式并使用先进的技术手段，提供科学的服务体系并不断完善。服务管理的有效开展，为读者提供了更好的阅读环境，极大提高了公共图书馆资源的利用率，保障了公共图书馆服务健康发展。

这些内容都是必不可少的部分，相互制约，相互影响，在公共图书馆的建设工作中扮演着重要的角色。其中，读者的组织和研究是一切服务工作的基础。公共图书馆应科学开展各项服务工作，构建清晰完整的体系，构建灵活多样、充满活力的服务体系。根据读者目标开展工作，充分体现了公共图书馆的社会价值。在公共图书馆中，组织开展各类宣传引导活动，开展丰富的读者教育活动，对读者素质和信息能力的提高都有促进作用，这也有效提高了读者服务效果和公共图书馆工作效率，能够加强公共图书馆建设价值。服务管理是顺利执行公共图书馆工作的有效途径，也是重要的制度和组织保障。

（三）公共图书馆服务的原则

公共图书馆设立的初心和目的都是为了尽可能满足读者获得信息的需求，因此，在公共图书馆服务读者的过程中，始终贯彻落实以人为本、服务第一的基本理念，以特定的原则和内涵自我要求和自我约束，并将以下基本原则作为服务宗旨。

1. 以人为本的原则

以人为本就是公共图书馆一切服务的出发点和落脚点都应当是读者和读者需求，既要考量读者的心理特征和年龄特点来优化资源配置，又要提高资源的多样化和层次性；既要在为读者提供服务时秉持积极、认真、负责的态度和精神，又要统筹一切可能的途径和力量，为便利读者使用和调度公共图书馆信息资源创造条件。它集中体现了"一切为了读者"的服务理念和长远的战略发展眼光。也就是说，读者服务是贯穿公共图书馆服务内容全过程的重要因素，更是公共图书馆人员和工作的出发点和落脚点。

2. 平等

平等原则是公共图书馆信息服务最基本的原则，是公共图书馆服务的基本方向，它主要体现在两方面：

（1）权利平等。平等意味着对人的基本权利的尊重。平等享有权利的保障是公共图书馆以人为本原则的基本体现和核心内容，表现为对用户的普遍关爱和普遍尊重，以及对用户基本合法权利的普遍保障。具体来讲，公共图书馆用户的合法权利主要体现在用户资格获得、信息资源阅读、个人隐私安全和人格不受践踏和侮辱、问题咨询、参与公共图书馆管理与监督和决策、享有遵守公共图书馆规章制度的权利和履行应尽义务、对公共图书馆建设和服务提出合理化整改建议、享有辅助性服务、客观评价公共图书馆管理和服务工作并依法追究侵权行为，以及要求相应合理赔偿这些方面。公共图书馆的基本职能是引导公众实现"认识权利"，公共图书馆人的基本职业信念就在于在传播文献信息资源的过程中，以这种基本职能为导向，切实保护好读者权利不受侵犯。

（2）机会平等。机会平等的本质就是保障用户在公共图书馆的基本权利，并做到对用户态度上的基本尊重，保障用户可以在公共图书馆平等利用资源。这种平等并不是停留在表面的平等，而是要落实到具体的人群，如阅读能力较低的群体，残疾人、犯人等弱势群体，要切实保障他们的平等权利，强化对这些群体的现代化信息技术培训，正视他们在能力方面的差异化，并进行针对性能力提升服务。可以说，只有保障社会弱势群体的权利，即使其平等利用和共享公共图书馆信息资源，才能确保公共图书馆服务实质上的平等。

平等是人文关怀的最基本内容，若想真正做到平等，就必须做好以下工作：①最大限度缩小公共图书馆信息资源与用户之间的距离，使用户利用和共享信息资源更便利；②最大限度地创造平等利用和占有信息资源的机会，营造相对宽松、自由的利用环境，为用户平等利用公共图书馆信息资源扫除障碍；③严格落实守密原则，不监控、不窥探、不泄露用户在公共图书馆的自主查询记录和对各种信息资源的利用用途，在充分保障用户个人隐私安全的前提下，最大限度地满足用户的个性化需求。

3. 开放原则

作为公共图书馆服务的基本原则，开放与服务是唇齿相依的关系，没有开放，服务便无从谈起。坚持对外开放是现代公共图书馆建设的重要内容，也是时代发展对现代公共图书馆的必然要求。全方位的开放主要体现在资源、时间、人员、管理等各个方面的开放。

（1）资源开放。公共图书馆的资源主要包括馆藏资源、设施资源、人力资源三大类。资源开放主要包括两方面内容：①最大限度地揭示馆藏资源，通过开架借阅、强化图书宣传、建设完善的检索体系等方式，保障读者开放共享、平等利用所有馆藏资源的权利；②秉持资源共享的基本理念，强化馆际合作，满足读者的多种资源需求。

（2）时间开放。即改变传统读者在利用公共图书馆获取信息方面的时间局限，提升公共图书馆开放时间的延展性、连续性和完整性水平。例如，实体公共图书馆尽量在节假日调休，保障用户的节假日公共图书馆资源利用权利；虚拟公共图书馆尽量做到365天24小时全天候开放。

（3）人员开放。作为具有综合功能的社会文化教育中心和休闲、娱乐的自由场所，公共图书馆应为所有人开放服务，因此，所谓的人员开放就是公共图书馆要接纳一切有公共图书馆资源需求的用户，保障和尊重他们的基本权利，不因国籍、性别、身份、地位、种族等不同而区别对待。

（4）管理开放。开放的管理体系最基本的特征就在于为用户开放参与公共图书馆管理和决策的权限，比如，设立"用户监督委员会""馆长信箱""读者意见箱"等，鼓励读者表达自主观念，广泛接纳读者对公共图书馆管理方面的建议和意见，并在用户公开、透明监督下积极进行公共图书馆服务的革新升级和结果反馈，同时，在特定情况下，允许用户参与管理决策。用户评价可以为公共图书馆查漏补缺提供科学、客观的数据来源，是公共图书馆升级服务质量、推进建设进程的重要保障。

4. 满意服务原则

平等享有作为公共图书馆服务众多原则中的核心理念，满意服务是衡量公共图书馆服务质量的重要标准，集中体现了用户对公共图书馆服务的满意度和公共图书馆服务的未来整改方向。从本质上来讲，满意服务其实就是用户在实际感受过公共图书馆的文献资源、工作人员、基础设施和服务方式后所获得的真实体验与心理预期之间的差距。

以现代企业管理的 CS（Customer Satisfaction）理论来理解公共图书馆服务的满意原则，主要包括三方面内容：服务理念满意度、服务行为满意度、服务视觉满意度。以下将分别阐述：

（1）服务理念满意度，即用户从心理层面来讲对公共图书馆开馆宗旨和管理策略的满意程度。

（2）服务行为满意度，是公共图书馆思想层面的服务理念通过外部表现出来的行为状态带给用户的心理满意程度，比如，公共图书馆的业务建设、规章制度、服务内容设计、服务态度和效果等。

（3）服务视觉满意度。服务视觉是公共图书馆一切可视化的外在形象，如公共图书馆的基础设施、环境氛围、阅读气氛，工作人员的职业形象等。而服务视觉满意度指的也就是这些显性因素给用户带来的心理感受和满意程度，是公共图书馆理念的视觉化呈现形式。

在公共图书馆管理中贯彻落实满意服务的基本理念，首要一点就在于坚持"一切为了读者"原则，只有明确认识到这一点，才能在满足用户需求方面拓展多样化渠道；并创新多方位措施，不断完善评价指标，提高反映用户满意度的层次性和精准度，才能为公共图书馆服务升级提供更为科学和客观的数据支撑。

5. 资源共享原则

对于图书信息资源而言，在社会进步和科技发展的带动下，文献出版数量逐渐增加、信息种类更加多元化，全面搜集和存储各种信息资源则显得没有必要，更加浪费经费。资源共享理念的提出和在公共图书馆管理中的应用，是与用户不断增长和扩大的信息需求相适应的必然选择。这样一来，多个公共图书馆之间的信息资源实现了共享，一定程度上减轻单个公共图书馆在信息资源搜集和存储等方面的压力，确保公共图书馆充分发挥信息资源的原有功能，可以最大限度地满足用户日渐多样化的知识诉求和信息需求。公共图书馆资源共享职能在弘扬和继承人类知识，并带动人类社会的进步与发展方面，发挥了不可磨灭的重要作用。因此，要不断强化和引导、促成不同级别和层次公共图书馆的馆际合作，只有这样才能确保真正实现信息资源共享，公共图书馆才能建设得更好、发展得更快，为社会主义的建设和发展以及人类宝贵知识体系建设提供动力保障。

6.遵循创新服务原则

要创新，首先要树立创新意识，确立主动化、优质化、品牌化、专业化的服务理念。具体体现在：服务中要主动想方设法贴近用户，处处为用户着想，尽可能地为他们提供方便；讲究"精、快、广、准"的服务质量，满足用户求新、求快、求便捷的心理；通过特色馆藏、特色服务、特色活动、特色环境等突出本馆服务特色，建立公共图书馆特有的品牌服务；建立一系列严格的业务规范与规则，凸显公共图书馆服务的专业化。其次要创新服务内容。如在信息服务方面，要努力从文献提供服务向知识提供服务转变；加大参考咨询特别是网上虚拟参考服务的力度；增加网上信息导航；开展个性化信息服务；充分利用各种资源，开展形式多样的读者活动等。最后，要创新服务方法。例如，改变以往单一的馆藏文献借阅服务模式，利用现代网络平台，提供多种数据库、知识库服务以及各种在线或离线信息服务和主动推送服务、虚拟参考咨询服务、网络呼叫、智能代理服务等。

二、公共图书馆数字文化服务认知

（一）数字文化服务界定

公共图书馆为公众提供免费的服务，是人类社会文明发展的必然产物。2012年，我国在《公共图书馆服务规范》中将公共图书馆定义为：公益性公共文化与社会教育设施，一般由政府或社会力量兴办，承担文献信息资源的搜集、整理、传播、研究和服务等社会职责。与专业图书馆不同的是，公共图书馆是一种为市民服务的图书馆，唯一的经济来源为政府税收，所有的普通居民都能享受到公共图书馆的服务，包括图书文献、公共信息、数据网络以及教育活动等。其特点主要有：公共图书馆内图像种类众多，服务不同的阅读人群，且由中央资助以及地方管理。20世纪末我国就已经开始出现数字文化服务，直到21世纪系统化的数字文化服务才慢慢步入历史舞台。特别是近些年来，由于国家对数字文化服务的推行力度加大，数字文化服务的范围也逐渐增大。数字文化就是数字化文化资源或对文化资源数字化，它是通过网络发展和传播的。数字文化服务通过各公共组织和个体将文化资源利用VR、AR、3D等数字技术和互联网等平台实现文化传播与内容升级，是具有一定创新性、体验性、互动性的共享模式与服务。

（二）公共图书馆数字文化服务界定

在当代的社会大环境中，公共图书馆为公众提供相应的公共文化服务，说明公共图书馆提供的数字文化服务具有公益性。公益文化服务的主要目标在于良好的社会效益而非经济效益。从本质上来说，公益文化服务是面向全体社会，以广大群众为服务对象，以非竞争性和非排他性的服务为产品的文化服务类型。从书面意思来看，数字文化是以网络为传播途径的文化，其存在方式以数字意识形态为主，所以，公益数字文化是公益文化和数字文化相结合而来。公益性数字文化服务的资金来源主要是政府财政，其目标是为了满足公众的基础性数字文化需求，具有无差异化、透明程度高、机构与读者互动频繁的优势。公益性数字文化服务涵盖诸多方面，其中，有电视、电影和以手机为媒介的新媒体，还有公益数字文化的相关网站。作为数字文化服务的践行者，公共图书馆是政府主导的非营利性和利民性共存的公益性文化服务机构，在公共文化服务体系建设中发挥着重要作用。在当前的文化体制改革过程中，应从文化服务、公益性文化服务与公益性数字文化服务三者之间寻找平衡点和共生点。

2011年，文化和旅游部出台了文件，首次明确了"公共数字文化服务"的概念，即以政府提供财政支持为主，以数字化的资源、智能化的技术、网络化的传播为载体，以满足公民基本文化需求为目的的非营利性以及非排他性的文化服务。公共数字文化服务不仅是公共文化服务的组成部分，还是其延伸产物，具有无差别性、无功利性、方便性、基础性等特点，同时还兼具传播迅速、覆盖面广泛、信息共同享有、互动性强等优势。公益性是公共图书馆服务最根本的特征，符合公共数字文化服务的属性，公共图书馆作为参与数字文化服务的主体之一，必须融入公共数字文化服务与建设当中。所以，公共图书馆数字文化服务是公共数字文化服务的一种表现形式，都以满足广大公众的数字文化需求为主要目标。

（三）数字文化服务与传统文化服务的区别

面对知识网络经济时代用户多样化的需求，图书馆朝着智能形态迈进，以数字化、网络化、智能化为标志的智能图书馆是未来图书馆发展的新方向。数字化是公共图书馆发挥传承文化的社会职能最便捷也是最理想的途径，公共图书馆将文化资源数字化，需要顺应信息时代技术发展的潮流，在公共图书馆的发展中尽可能综合运用新时代的各种信息技术。公共图书馆开展传统文化服务存在服务对象比较单一，服务手段比较落后，服务弱、小、散等问题，相比较而言，数字文化服务具有服务对象广、资源数量大、传递速度快、网络服务面广、覆盖区域宽等优势。公共图书馆的传统职能以及现代职能最突出的方式分别为文献化方式和数字化方式，文献化是数字化的基础，也就是说数字化资源是通过文化资源的相关文献数字化转化而来，因此，通过将文献资源数字化可对其进行保护、传承和利用，是图书馆自身的职能所在，有利于公共图书馆实现文化数字化传播、展示和共享。

对公共图书馆数字文化服务绩效做评价时，需要对评价指标和评价模型做出选择和界定。由于公共图书馆的服务类型比较多，对其进行绩效评价时会涉及诸多方面的影响因素，其中很多因素之间是比较难以区分和界定的。所以，在对公共图书馆数字文化服务绩效评价指标进行初选和处理时，需要区分数字文化服务指标和传统文化服务指标，重点突出文化服务的数字化特点，从数字文化服务人员、经费、资源、基础设施、活动等方面表现公共图书馆数字文化服务的影响因素。

三、公共图书馆数字文化服务的特征与形式

（一）公共图书馆数字文化服务的主要特征

1. 资源数字化

公共图书馆以整合和存储资料为主要活动，并为读者提供查询、借阅以及相关服务，

同时不断推进社会教育活动。在公共图书馆涵盖的信息资料中数字资源不可或缺，文献资源数字化也纳入到了整个图书馆的资源建设当中。公共图书馆要强化对馆内现有文献资源的保护意识，根据自身条件采用影印、缩微或者数字化等技术推进文献资源的整理、出版以及后续的研究利用，为文献资源的数字化开发提供更多途径。

2. 传播网络化

我国政府构建公共图书馆数字服务网络有统一的要求和规范，同时政府支持数字阅读产品研发和数字资源保存研究，通过推动公共图书馆利用数字化以及网络化技术为公众提供更加便捷的服务。公共图书馆加强数字化资源建设，完善相应的硬件设施的配置，通过建立线下与线上资源相结合的文献信息共享平台，会促进公共图书馆文化传播网络化发展。

3. 技术智能化

公共图书馆将文化资源数字化，需要顺应信息时代技术发展的潮流，在公共图书馆的发展中需要运用到新时代的多种信息技术，包括 VR 技术、AI 技术、物联网技术等。VR就是虚拟现实技术，在公共图书馆中可以提升指引服务、实现图书馆定位、提高阅读体验、充分开发利用馆藏资源。AI 就是人工智能技术，可以为公共图书馆的用户提供智能检索服务和智能推送服务，实现公共图书馆数字文化的智能服务。物联网技术是通过网络接入，实现物与物、物与人之间的连接，实现对物品和过程的智能化识别、感知。技术的智能化是公共图书馆开展数字文化服务的助推剂，减少了公共图书馆工作人员的工作量，降低了工作难度，更加便于公众参与公共图书馆数字文化服务。

4. 服务泛在化

公共图书馆开展数字文化服务的形式多种多样，包括数字资源建设服务、数字网络平台服务、数字展示推广服务、数字培训服务等。同时数字文化服务的辐射范围越来越广，各级人民政府应当根据当地实际情况建立符合当地特色的分馆，做到"完善网络化、数字化配送体系和服务体系，实现通借通还"，建设完备的数字化总分馆服务体系，实现公共图书馆的服务泛在化。

（二）公共图书馆数字文化服务的不同形式

公共图书馆通过多种形式开展数字文化服务：第一个方面是数字资源建设服务，包括数字资源、地方特色资源、政府信息公开的数字文化资源建设；第二个方面是数字网络平台服务，包括搭建图书馆之间信息共享平台、网站建设、信息化图书馆建设；第三个方面是数字展示推广服务，包括公共图书馆开展数字文化展示和推广活动；第四个方面是数字培训服务，包括开放公共电子阅览室，提供信息咨询、数字技能培训等。

1. 数字资源建设服务

在数字资源建设服务过程中，推送数字文化资源是公共图书馆开展数字文化服务最直接有效的方式。公共图书馆进行数字文化资源服务与建设的发展形式，主要包括公开课数字资源、学术电子资源、电子图书资源、特殊群体数字资源、公共电子阅览室、数字图书馆、新媒体推广等。一些公共图书馆积极开展了数字文化资源活动，例如：首都图书馆的系列讲座活动、黑龙江省图书馆的数字文化惠农服务活动、江西省图书馆的数字资源下乡活动等。

2. 数字网络平台服务

数字图书馆建设的主要形式和基础内容就是数字文化，而公共图书馆在开展数字文化服务过程中需要搭建数字网络平台。搭建数字网络平台的目的：一方面为了实现文化资源的长久保存、文化思想的合理传播，例如：首都图书馆实施北京记忆项目、重庆图书馆实施中国抗战大后方3D数字图书馆项目、广州图书馆实施广州大典数据库项目、上海图书馆实施上海年华项目等；另一方面为了实现与文化资源的合理开发利用，如安徽公共文化云、天津滨海新区打造的"文化随行"数字平台等在国家公共文化云开通之后就陆续上线，公众可以通过电脑、手机app等终端轻易获得公共数字文化资源。

3. 数字展示推广服务

各级图书馆间通过虚拟网络相互连接形成数字图书馆推广工程。该工程旨在实现全国各级图书馆数据信息的共享和资源的整合，有利于公众获得国家数字图书馆的资源和服务。对于普通群众而言，利用该互联网工程技术可方便获取图书馆的所有数字资源，国家图书馆、清华大学图书馆等建立了虚拟化图书馆，使用虚拟现实技术建立了数字化3D场馆，为公众提供了漫游和浏览等服务，实现信息资源流通共享和数字文化的展示推广。针对特殊群体而言，为了顺利进行数字文化的展示和推广，山东省图书馆开通了盲人数字图书馆，山东省、湖北省、安徽省等图书馆举办了以文化助盲为主题的展示推广活动等。

4. 数字培训服务

对于公共图书馆数字文化服务而言，数字技能培训是实现"扶智"的重要形式。其中，中老年人、视障人群、农民工等群体是我国各省级公共图书馆开展数字技能培训的主要对象，这主要是因为他们自身条件的限制，使得掌握数字化技能较为困难，且对数字文化服务的接受能力有限。通过数字技能培训，他们能够学会使用数字科技产品，进而更好地享受数字文化服务带来的便利。数字技能培训开展的方式多种多样，例如重庆图书馆针对老年人开展的数字阅读培训，湖南省图书馆举办的基层图书馆数字资源提升和培训活动等，都旨在通过丰富多彩的数字文化普及培训活动，让公众在这个信息时代能够快速便捷地获取信息。

第二节　公共图书馆数字文化服务方式的类型

一、"移动借阅"方式

"移动借阅"方式主要指将无线互联网技术和图书馆数字化馆藏结合的一种方式，读者可以通过各种移动设备来方便灵活地进行图书馆图书信息的浏览、查询与获取图书馆信息服务，减少了时间、地点、空间的限制。这一方式主要包括手机图书馆、提供电子阅读器、外借 U 盘终端、E/一卡通的使用。

"移动借阅"的主要特点为使用灵活，易于携带，不论是手机、电子阅读器、U 盘还是 E/一卡通，都轻便灵巧，相比电脑终端、有线上网，这些介质都更容易突破空间限制。尤其是手机和电子阅览器更是突破了时空局限，人们可以随时随地进行阅读。其阅读内容也更具个性化，更能充分满足人们不同的阅读需求。

（一）手机图书馆

人在时空背景下，对于任何问题都会存在认识上的差距，只有借助于信息技术，才能获得理想的认知结果，从而进入新的认知状态。人在移动环境下，所处的时间和空间是不断变化的，相应的信息需求便可以分为与时间相关的需求和与空间相关的需求，比如获取应急信息、打发无聊时间、获取地理位置信息等。可见，读者在移动环境下对于阅读的需求，是推动手机图书馆发展的主要因素。现代人生活节奏加快，许多人无法找到集中的阅读时间，只能利用移动环境中的"碎片时间"来阅读。

图书馆网络服务是随着信息技术的普及和发展而出现的信息服务手段。随着第三代移动通信技术的成熟，手机正在成为人们随时与世界沟通的工具和桥梁，同时由于手机的实时双向交互功能，使以读者为中心的、实时的个性化的信息服务成为可能。此外，无线通信网络速度的极大提高，手机软件功能的增强，同样是手机图书馆逐渐普及的重要原因。

（二）电子阅读器

电子阅读器的概念虽然出现已久，但产品在近几年才渐渐在市场上崭露头角。电子阅读器的早期产品不是阅读器，虽然 PDA（Personal Digital Assistant，个人数字助理）、学习机、电子词典、掌上电脑、手机等都是具备电子阅读功能的产品，但这些产品最初的功能设计并不是以电子阅读为目的的。随着此类产品存储量的提高和成本降低，PDA、学习机、电子词典和手机的阅读功能日益显现。这些产品视屏不断扩大，视觉体验的效果越发精良，技术含量增加、成本不断下降，也越发具有便携性，它们可以算作第二代电子阅读器。数字化信息进程的迅速发展，推动当前技术的改进，产生了电子书、电纸书、Kindle 等专门用于阅读电子信息内容的电子阅读器。

图书馆开始提供电子阅读器的借阅与电子阅读器在近几年大量涌现密不可分。我们可以从两方面来分析产生该现象的原因：一是原来通过传统出版发行的信息内容，现在转变为电子出版，通过网络发行。这样数字信息不但拥有丰富的内容，而且通过近乎免费的互联网传播大大降低了成本支出，只要具备适合的接入终端即可。二是研发技术的进步使得阅读器产品趋向于更加轻便、容量更大、阅读体验更加良好。这当中电子纸技术、液晶显示技术、LED 技术的进步起到了重要的推动作用，同时信息处理和无线通信技术的发展也对电子阅读器的改进起到巨大的促进作用。

但提供电子阅读器外借服务的图书馆主要集中在省级图书馆，并且在普及程度上较手机图书馆项目要低。这这是因为：首先，电子阅读器由于技术成本较高，对于大部分中小型图书馆来说，价格高昂是它们很少推行电子阅读器服务的主要原因。其次，电子阅读器与数据库出版商之间的兼容问题也影响到阅读器的推广使用。国内各个电子出版商为了提高自身在行业中的竞争力，都拥有能够阅读各自出版格式的电子阅读器，并且这些阅读器之间大多不兼容，这就使得电子阅读器在公共图书馆提供此类服务时受到了一定的限制。以上海图书馆为例，该馆从美国联机计算机图书馆中心以及欧洲专业图书数据库系统 Springer Link 引进了大量的英文电子期刊，但馆内目前采用的电子阅读器无法匹配这些英文电子图书的格式，所以，读者不能用图书馆提供的现有电子阅读器阅读这些英文电子期刊。电子阅读器与图书馆的电子资源不能充分结合，就意味着电子阅读器在图书馆借阅服务中的作用不能得到最大限度的发挥，这也是外借电子阅览器普及的一个障碍。

（三）E/一卡通

网络环境下，图书馆需要着重发展的是信息资源的共建共享。近年来，全国各地不同类型的图书馆开始重视加强馆际间的协调，纷纷参与到馆际合作中来，这在很大程度上促进了社会信息资源的有效利用。一卡通逐渐成为实现地区图书馆群建设的重要一环。但是，大众普遍熟悉的传统到馆服务方式无法有效满足读者日益增长的信息需求。随着国内数字图书馆如火如荼地建设，E/一卡通目前不仅可以实现图书通借通还，还逐渐发展成读者获取本馆以及合作馆的数字资源的便利途径。

对于 E/一卡通的发展来说，图书馆管理软件是首先需要面对的问题。但就目前的发展情况来讲，不论是跨库查询、馆际互借还是数字资源下载这些操作都已经较为成熟。拥有 E/一卡通的用户只要在图书馆页面输入用户名与密码进行登录，就可以在馆外任何地点免费检索、浏览、下载本馆（以及合作馆的）全部电子资源。这些便捷的远程检索阅览服务，满足了普通读者在学习休闲方面的大部分阅读需求，同时打破公共图书馆服务的空间限制，实现了广大读者用户可以享受在馆外随时检索信息、查阅资源的便利。

（四）U 盘借阅

随着数字出版的逐步发展，电子书与数字阅读也迅速成为大众重要的阅读途径之一，然而传统的正版电子书保护版权的方式多采用 PC 捆绑，即图书的版权与首次使用的 PC 关联，阅读设备不可避免地限制了读者的阅读灵活度。随着人们活动范围的不断扩展，读者对电子书的移动性以及跨平台性提出了更高的要求，对实现在不同电脑设备间的阅读需求越发强烈。而外借 U 盘终端与以往的电子图书借阅相比，最具创新突出的特点就是能够将图书下载到 U 盘内，读者可以将下载资源离线携带，在任何一台电脑上实现插入使用。并且，此种方式对于版权保护问题考虑非常充分，U 盘融合了数字版权保护技术，对于每本书的授权使用时间都进行设定，到期后图书会自动"归还"，这使得 U 盘可以严密地保护信息的版权，并帮助读者节省大量借还书的时间。这样既保障内容资源的版权利益又为读者提供了丰富便捷的阅读体验。与其他图书馆外借 U 盘终端相比，上海图书馆有望推出的"U 盘图书馆"更适合那些对于图书中部分章节感兴趣的读者。读者可以将精彩内容存入 U 盘带走慢慢阅读，即数字资源可以按照篇目或章节外借，同样，这样的外借资源期也会随着借阅到期而自动消失，不影响到版权问题。

U 盘借阅的这种服务方式在国内还处于起步阶段，实施的图书馆也是少之又少。这种情况的产生首先因为缺乏丰富成熟的技术支持。在目前推行 U 盘借阅的省份中，陕西省图书馆与深圳市图书馆都是与方正阿帕比公司进行合作，推出"U 阅迷你书房"项目。研发相关项目的公司寥寥无几，大大减小了技术对于新的借阅方式的带动作用。此外，U 盘与电子阅读器相比，虽然体积小巧便于携带，但就需要额外寻找电脑或其他显示终端才能进行阅读这一点来说，不如手机或电子阅读器方便阅读。

通过对上述四种服务项目的分析来看，在目前"移动借阅"的服务方式中，技术是影响该种服务方式的主要因素。新技术为读者获取信息资源提供了更多的途径，并大大提高了获取信息的便利性。但图书馆在采取新的移动信息技术的跟踪与研究还不够，大多数图书馆以手机短信息服务为主；像手机之外的电子阅读器、掌上电脑等其他移动终端的应用也普遍偏少，对于新生的 U 盘终端等推行更加缓慢。并且服务方式比较被动和单一，缺乏互动性，个性化服务只体现在资源内容上，其他方面并不突出，可以看作一种面向大众的普遍性服务。版权问题是平衡各方利益的重要问题，解决了版权问题既能保护知识所有者的合法利益，又能尽最大可能为读者提供服务，是推动此种服务方式发展的又一重要因素。

二、"便捷环境"方式

"便捷环境"方式是指利用各种电子设备或网络为用户乃至公众营造一个便于获取信息资源的环境，并且提供这种服务的地点不一定限定于本图书馆，还有可能是在图书馆服务区域内。这种方式包括电子读报机的设置、提供无线网络等。

该种方式的特点为方式间接，内容宽泛，目的性较弱。它主要给用户提供的是一个便利的外在环境，而不是某个具体的结果，在此种环境中用户可以方便地进行信息获取，并且获取的信息不一定局限于图书馆的馆藏。

（一）电子读报机

电子读报机是"新一代人机交互技术"的最新产品，它融合了时下炙手可热的多点触摸技术和 Microsoft WPF （Windows Presentation Foundation，基于 Windows 的图形界面处理）技术，通过与网络进行连接，读报机可实时下载、更新来自全国各地主流媒体报纸的海量信息。并且可以每天根据不同的报刊类型与各省市地区进行分类，报纸版面的变化随当日出版内容进行网络实时传输数据更新，实现与纸质报纸保持同步，读者可以使用报纸类型、区域或拼音字母进行快速检索。除了能阅读到当日最新的报纸消息外，还能查找往日报纸的相关信息。同时屏幕页面上可以随意翻页缩放，十分方便。

电子读报机能得到较为广泛的推广，首先是因为相较于传统报纸，它的资源量大，填补了目前图书馆内报刊阅览室中报刊数量的不足，同时这样便捷环保的阅读方式，也更受到新老读者的喜爱，不但阅读资源更加丰富，也不用读者在大册的报刊中来回翻阅，省去了很多挑拣的精力。尤其是许多经常到图书馆里看报纸的老年人，由于视力不好，常常需要携带放大镜。触摸屏读报系统就使老年人阅读更加方便，既可以像传统报纸一样翻页，还能放大成高清版面，由于读报机是彩色屏幕，相较于大部分黑白报纸也更有视觉冲击力。

公共图书馆安置电子读报机并不需要投入极高的成本也是被成功推行的一个重要原

因，相较于订阅各种纸质报刊，载有相同数量的电子读报机更加节省费用。

（二）无线网络通信

无线网络在图书馆中的应用目前也比较普遍，读者只要自己携带笔记本电脑、iPad、智能手机等无线网络终端，就可以在任何时间、在图书馆内的任意场所与其他用户互通信息，或快捷地进入图书馆的数据库查找所需资源，而不受限于传统有线传输的束缚。

公共图书馆大范围开始提供无线网络，主要是由于无线网络的优越性能。相较于运用有线网络来说，它可以满足更多读者在图书馆内上网浏览资源的需求，大大减少了因为等候电脑机位耽误的时间。并且它架设更为容易，建构成本低。虽然目前有线网络产品的价位相较于无线网络产品较低，但它需要考虑布线，初期铺设的人工成本，以及日后的维护费用。而无线局域网架设速度快，经过初始环境评估，事后人力和物力的维护花费会非常少，从时间上均摊成本就要低于有线网络。而且当前的无线局域网的产品种类日益丰富，不同产品的兼容性也在加强，传输速度也在迅速增长，能够满足用户更高的需求。

对于公共图书馆来说，除去为在馆用户提供一个便捷的上网环境以外，在其他方面也有很大的利用价值，这种潜在的功能拓展也推动了无线网络的使用。节假日是读者数量激增的频发时期，但又是临时性的，对于这个时期外借出纳台的拥挤现象，可以利用无线网络连接起读者服务终端，疏散排队等候的读者，有效地提高工作教率。如果仅仅为了临时性的工作就架设固定工作点，会造成设备闲置与浪费，而无线搭建的临时服务终端对图书馆节省经费是一个有效的方法。其实，无线网络对于图书馆内部的文献管理也能提供便利条件，通过无线网络使笔记本电脑与本馆自动化管理系统建立起连接，工作人员就可以在书架间行走的同时扫描图书，既简化了清点工作的劳动量也不会影响读者的阅览。

"便捷环境"的服务方式可以看作是一种为图书馆提供信息资源服务的辅助方式，用户不一定是专门希望获取馆内某种确切资源而使用该种服务，很可能是为了消遣或者利用碎片时间，通过图书馆提供的设备不定向地获取信息。总体来说，此种服务方式能够较好地得以推广，是因为能帮助图书馆更大化利用有限的经费，不论是购买电子读报机还是使用无线网络，相较于购买纸质报纸与有线网络的费用都更低。与此同时对于建立一个联通信息的大环境，设备维护与服务项目的选择需要慎重考虑。对于电子读报机来说，放置于公共场所可能由于看管不力而造成损失；对于图书馆提供网络连接来讲，重复的服务功能并不能为用户带来更高服务质量，还会分散图书馆的经费使用。

三、教育活动方式

各省级、市级抑或是区县一级的图书馆，都经常开展教育活动服务读者，以帮助群众学习计算机的使用，获取更多信息资源，拓展知识面，丰富文化生活。常见的教育活动包括组织网络大赛，进行计算机培训。比赛内容涉及面很广泛，包括网页设计、网络知识、党史、古籍知识、电脑小报设计、五子棋、摄影摄像等方面的内容。计算机培训内容包括网页设计、电脑小报设计、动画制作、电子资源利用、图书馆网站的使用、电脑基础知识及软件的使用等。对于竞赛和培训项目，图书馆会举办针对一定群体范围和无群体范围的活动。特定群体一般多是盲人、老年人、青少年儿童、学生以及农民工，针对各种群体制定不同的活动项目。图书馆利用馆内的电子阅览室，不论通过竞赛还是培训活动，都能提高他们使用文化共享工程资源的能力，开发公众的潜能和运用信息技术进行各种设计的创新能力，同时也提高了公众使用网络的兴趣和技能。

教育活动方式的主要特点表现在它的内容丰富、灵活多样、针对性强、参与度广且互动性强。对于各种竞赛与培训，有的由国家统一安排，有的则是地区自己组织进行。一般是根据一个主题，结合当地的实际情况选择时间、地点进行安排。每个活动都有一定的人群针对性，比如，弱势群体，或者不同领域的从业人员。因为活动的发起是面向全社会的，并且通过网络可以得到充分的宣传，而通过网络参加也非常便捷，所以参与度更高。对于很多竞赛来讲，培训是不可分离的一部分，这也是增加参与者知识，提高他们在某方面能力的一个途径。在学习中，活动的互动性成为提高培训成果的保证。

图书馆通过网络组织各种竞赛，为公众提供信息资源方面的各个领域的基础培训，是众多图书馆已经普遍实行的服务项目。一般来讲这样的竞赛与培训，多是使用馆内的电子阅览室作为场地，有的活动甚至只需要网络上的虚拟空间，参与人员多是馆内的工作人员，或者是志愿者、义工，一套活动真正实施下来所需的成本费用并不高昂，同时还能有效地调动群众学习的积极性，营造一个良好的求知氛围，这是此种服务方式能得到广泛推广的重要原因。这种数字服务活动可以提升公民的信息素养，实现获取信息的权利，提升个体自信心，这两点在弱势群体中体现得更为明显。从宏观角度来说，这赋予了个体参与文化活动的权利，提高了社会的包容度，促进了社会不同阶层与群体之间以及群体内部的交流和理解，提高了社区凝聚力，是一种非常值得推广的活动形式。

图书馆组织实施教育活动所面对的对象类型多样，年龄跨度大，来自社会各行各业，各自的文化水平也不同，如果一概而论，没有针对性，服务就不能起到预期的效果。同时，把教育活动办得更有质量需要有高素质的教育传授者与组织者，怎样才能保证他们的服务水平是图书馆须考虑的。反馈是提高服务质量的重要环节，但是从目前来看，在众多图书馆的教育活动中，反馈工作常常被忽略。

四、"受托"服务方式

"受托"服务主要指图书馆代替读者，为读者完成资源查找和获取的一种服务方式，包括"点菜式"服务和网上委托借书的服务。这两种服务都是为了满足读者个性化的需求而拓展出来的服务方式，依照"以人为本"的服务理念，以期用较少的经费求得最好的实际效用，并逐步实现"每位读者有其书，每册书有其读者"的目标，以保障公民获取信息资源、学习文化知识的权利。

这种类型的服务方式的特点在于操作较为简便，提供服务更加精确化，读者成为资源决定方，有利于发展和形成本馆重点读者群。

（一）"点菜式"服务

"点菜式"服务是适应未来发展需要的一项创新服务，类似饭店点菜的形式，读者在图书馆也能体验到这种个性化服务，它可以帮助读者寻找馆藏以外的图书资源，使读者能够更加满意图书馆所提供的服务。开通此项服务的图书馆的读者可直接从网上选择所需的图书，按照网上流程提交所需图书馆的名单。

"点菜式"服务打破了常规的服务方式，不再是由图书馆主动提供图书，读者被动挑选馆藏，而是读者根据自己的需求向图书馆提出希望阅读到什么样的书籍。因此，图书馆要推行此种服务，将图书采购权下放到读者服务部门，由服务部门按读者的需求订书，这在一定程度上实现了按需购书，促进图书馆经费的合理使用。在推行该项目时，图书馆加强馆员业务培训，特别是针对馆内服务项目的推广和利用的培训，提高了馆员的服务意识和服务技能，同时促进了图书馆读者教育水平的提高，提升了馆员参考咨询服务的能力。

（二）网上委托借阅服务

网上委托借阅服务可以充分利用丰富的文献资源，方便市民就近借阅非本地区图书馆的图书。市民可通过检索联合书目，了解所需文献所在的馆藏地点，进行网上委托登记，确定取书的就近服务点。文献所在馆通过物流快递，将书籍送到用户指定服务点，这样用户就可以在家门口的服务点取书和还书。手机版的网上委托系统也已经开始运行，只须在手机中安装程序，就可以在移动中完成网上委托借书的过程，这又大大减小了借书过程中时空的局限性。

将网上委托借阅与通借通还相配合，可充分利用遍布全城的服务网络优势，实现"网上委托借书，就近取书还书"，还可以保证市民不管身在何处均能便捷地借阅同城内的文献，促进了地区的信息资源共享，实现就近服务、均等服务的目标。

要想运行该服务项目，有一个最基本的条件就是已经建立了总分馆或者合作馆制度，否则外送书籍无法找到一个置放的场所，即读者没有取书的地点。从该项服务的流程来说，确实节省了读者到馆外借阅书籍的时间，既包括路程的时间也包括在馆内寻找书籍的时间。但前提是读者明确地知道想要获取的书籍名称，如果没有确切的借阅目的，读者更愿意在图书馆里边看边挑选，也更能感受一种文化的氛围。从图书馆的角度来讲，馆员要帮助读者找出书籍，并按不同的地址分别邮寄到其他分馆，这就增加了工作人员的工作量。在这几个环节中，重要的一点是邮费的出资，如果由图书馆负担，那势必给馆内有限的资金增加负担，但是由读者负担的话，又大大增加了阅读成本，本来免费的阅读资源却需要额外支出费用，并且如果借阅的书籍并不合意，就更增加了读者的损失，因此，费用问题也会成为读者使用此项服务的一个顾虑。

"点菜式"服务和网上委托借书都是较新的服务方式，目前应用并不广泛，只有少数图书馆正在实施。这两项服务都是为满足个性化服务而产生的，并且相较于一般的基础性服务会消耗更多的物力财力，需要比以往加入更多的新流程与人员参与，加大了工作人员工作量。目前，该种方式处于一种探索的阶段，没有可借鉴的先例，没有完善的流程规章，服务人员的业务水平也有待提高，并且服务产生的效果如何还不清晰，这些不确定的因素使得该项服务方式推行较为缓慢。

第三节　公共图书馆数字文化服务方式的改进建议

一、"移动借阅"方式的改进建议

"移动借阅"的方式是传统阅读向新的阅读方式转型的成果之一，既是对数字阅读、网络阅读的延伸，又与网络阅读、数字阅读一起共同构建新的阅读方式。对于广大读者来说，一方面，"移动借阅"满足了人们在移动环境下的阅读需求，是传统移动阅读在新的技术条件下的发展；另一方面，"移动借阅"在满足人们移动信息需求的同时，将会激发、促进人们的移动阅读行为，形成新的阅读行为习惯，信息接收与利用行为或许将会更多地基于快捷便利的移动信息平台实现。

（一）信息技术方面的建议

在服务技术上，对新的移动信息技术的关注与利用不够。比如，大多数图书馆以手机短信息服务为主，应用终端也多数面向手机开发，客户端软件服务以及面向电子阅读器、掌上电脑等其他移动终端的应用偏少。移动通信和互联网技术发展速度非常快，笔者建议图书馆积极关注技术发展趋势，及时改进应用新技术来支持移动信息服务。在移动终端多元化的今天，可以把关注点放在手机之外的电子阅读器、PDA、平板电脑上；智能手机的逐渐普及，使得除短信、WAP网站之外，客户端软件服务开始兴起。尤其对于经费较为充裕的地区，图书馆更要注重技术的更新与采纳，以保证服务的多样性与给用户带来的便利性。

（二）服务方法方面的建议

在服务方法上，目前图书馆移动信息服务在主动服务、合作服务与创新服务等方面都存在很多不足，总的来说，服务方法比较被动、孤立，缺乏创新观念。在提供移动信息服务的方法与策略上，图书馆需要不断改进，加强创新，提高服务的主动性，同时要灵活调整图书馆移动信息服务与传统文献服务、数字图书馆服务的协同，对服务合作中涉及的信息内容、技术、设备以及人才重点关注并予以加强，对于与其有业务往来的各利益方，要起到协调作用。尤其在图书馆提供借阅电子阅读器服务的过程中，要扮演好沟通的角色，协调解决电子阅读器与电子出版商之间的兼容问题。我国国家图书馆引入"易博士"电子阅读器后，为解决与馆藏方正电子书的兼容匹配问题，促使方正阿帕比公司和广州金蝉公司合作，使得"易博士"电子阅读器可以下载方正电子书。图书馆协调解决电子阅读器与数据库出版商的兼容问题，不仅可以使图书馆充分发挥其传递信息的能力，还可以使电子阅读器和电子出版商双方达到共赢互利的目的。

二、"便捷环境"方式的改进建议

此种服务方式其实是一种为图书馆提供信息资源服务的辅助方式，它利用信息技术为群众获取信息资源提供便利，用户不一定可以随时随地直接获取所需信息，但是随处设置的电子读报机、无线网络可以成为用户与信息资源连接的桥梁，在这个大环境中，用户可收到的信息不仅仅局限于图书馆的馆藏。

（一）设备维护方面的建议

对于在一定的范围区域中安置电子读报机，看护是一大难题。虽然目前在图书馆之外安置电子读报机的地区还比较少，但在推广营造文化氛围的环境中，这势必会成为一个发展趋势。对于安放的地点，图书馆应予慎重考虑，可以放置在书屋等文化场所，有利于群众集中获取信息；也可以考虑安放于营业厅等人流较为密集的场所，为等候办理业务的人群提供一个阅读途径，并且在营业厅是一个半封闭的环境，对机器的看护也有一定的保障力度。

（二）服务项目选择的建议

其实对于上网条件的提供方式，图书馆没有必要每一项都做到位，能把各种方法相融合，保证有一个便利的环境足矣，根据各馆具体需要来选择服务项目，不必去耗费经费来做到面面俱到。之所以无线网络应用不及有线网络普及，大部分原因在于绝大多数大中型图书馆已经投入大量经费架设了有线局域网系统。所以在当前环境中，无线网络并不能也没有必要完全取代有线网络虽然无线网络产品的价位仍然较高，但安装完成后几乎不用再花大量人力和物力用于维护，从长久来看，它的成本是比较低的。无线网络的应用是可以逐步填充有线网络的不足之处的。对于馆内可以使用无线网络、可以实施 E/一卡通在馆外获取馆藏资源以及经费充裕的图书馆来讲，能为读者提供更完善的服务是值得尝试的。

三、教育活动方式的改进建议

（一）有针对性地划分服务对象

公共图书馆的主要服务是面对普通大众的，也就是说任何一个读者，不分社会阶层，不限职业类别，不论年龄阶段，都有权在图书馆享受信息传递及教育服务。开展公益培训与竞赛是较为有效且易行的服务方式。此时，面对背景不同的大量人群，开设教育活动的服务对象就需要有针对性。

首先图书馆应该将不同的服务对象进行分类。从年龄层面来讲，例如，培训课的学员的年龄广泛，从小学生到成人都有参加。由于各年龄阶层的接受能力不同，因此，可以把中、小学生的暑期少儿班与成人班分开开设，并使用适合各年龄阶段的方式进行讲授。以少儿班为例，老师借助 PowerPoint 课件进行教学，在讲义中加入了动画，并配有视频和音乐，使课程更生动易懂，可以活跃课堂气氛，提高孩子们的学习积极性。从职业层面来讲，图书馆可以举办金碟财务软件、Photoshop、Dreamweaver 等常用软件的基础知识辅导班，满足现在社会上不同读者对各种软件的认识和利用需求。

图书馆还可以在同一领域按阶段为不同类型读者开展特定的培训课程或竞赛活动，例如，音乐知识竞赛可以划分为中级组、高级组等，争取在短期内令更多的读者更公平地参与活动，使每一次的教育活动更有效果，达到大部分读者服务的目的。还有一点需要特别注意的是，对于人口迁出量大的地区省市，留守儿童与空巢老人成为值得关注的两个群体，他们因为家庭成员的长期分离，需要参加一定的活动来填补精神文化上的缺失。不管是作为知识汲取或者是休闲娱乐，公共图书馆所提供的各种技能培训或是竞赛活动，都能扩充他们的知识面，丰富他们的精神生活。

（二）积极动员社会力量

考虑到图书馆的经费问题，图书馆可以尽可能地利用社会资源，动员社会力量，邀请各大院校和社会组织的义工和志愿者团体来做义务辅助工作。例如，邀请自学成才的盲人担任授课老师，教授盲人使用计算机的基础知识，这样不但能传授电脑技能还能对盲人起到鼓舞精神的作用。在这方面我们可以采取以下措施：图书馆培训班的授课老师是从社会招募来的义工，图书馆对申请者考核与测评，挑选出优秀的大学生和在职人员担任义务教师，同时由本馆的工作人员协助指导来实施培训计划。

（三）不断提高馆员素质

开展教育活动服务是一项需要长期坚持的事情，工作繁杂且不易完成。服务对象专业背景与接受的教育程度不同，个人素质参差不齐，使得他们在培训过程中所掌握知识的能力高低各异。因此，想要同时提高一定数量的、文化程度与心理素质不同的读者的某种知识技能水平，是一件困难的事情。随着行业服务意识的增加，公共图书馆对馆员的要求也必然更加严格。所以，只有提高馆员的公众服务意识及文化、心理和行为素质，才能从根本上对读者提供高水平的服务，才能使馆员利用好自己的丰富知识和专业技能，帮助有需要的读者，使读者能够充分获取吸收所需的信息资源。

（四）做好活动后的反馈工作

做好活动后的调查信息反馈是一个重要的环节。公益教育活动与普通课程培训不同，因为参与人员的不确定性，培训包含的读者类型各不相同。一方面，参加教育活动的读者在身份、文化教育程度等方面存在差异，很难对他们进行明确细致的分类；另一方面，有许多人参加公益教育活动都是冲着"免费"而来的，目的性和主动学习动力较弱，在这种情况下，反馈工作存在一定的困难。但假使能把反馈工作做到位，就可以更顺利地推进公共图书馆的教育活动，提高活动的质量，使今后的教育活动能够更加顺利、有效地举办起来。

（五）有效结合当地特色文化

深厚的历史文化底蕴是文化信息资源的基础与不竭源泉，在历史悠久、民族特色突出的地区，图书馆可以深入挖掘当地文化的精髓，丰富充实馆藏，充分利用这些特有资源组织教育活动，发扬、传播本地文化，尽最大可能发挥出资源基础对此类服务方式的带动作用，这既可以发挥图书馆收集、传递知识的功能，还能对公众热爱当地文化起到引导作用。

四、"受托"服务方式的改进建议

读者在图书馆享受"一对一"的个性化服务，并且图书馆还能将挑选的书送到自己手中，这是图书馆打破常规，改革业务工作流程，适应未来发展需要的一项创新服务。

（一）加快购书周期

对于"点菜式"服务，有的购书周期偏长，以萧山图书馆为例，该馆订购的图书可分三类：第一类，大部分的书籍是省新华书店发行的浙版图书，在网上订购成功后一般需要两周时间到馆；第二类是北京、上海、重庆发行的图书，到馆时间较长，基本需要两个月左右；第三类为地方版的图书，运输时间直接影响到馆日期，时间限定很难准确预计，有的图书到馆甚至要花费三个月到半年的时间。此时，图书馆可以尝试与多个书店签订合作协议，多渠道购书同步进行，以加快购书速度。

（二）分担费用

目前的网上委托借书服务处于试运行的状态，实施免费政策。到正式实施后，快递费用将成为读者关注的问题。如果依然按照目前的政策由图书馆负担，那势必给馆内的资金增加负担，尤其对于经费紧张的图书馆很难承受。但是由读者负担的话，又大大增加了阅读成本，本来免费的阅读资源却需要额外支出费用，并且如果借阅的书籍并不合意，就更增加了读者的损失，因此，费用问题也会成为读者使用此项服务的一个顾虑。如若双方都能承担部分的费用，接纳度也将有所提高。

（三）对馆员进行培训

对于此类需要较多人工操作的新生数字服务方式，馆员难免碰到一些从未接触过的问题。所以，馆员教育和培训也是不能忽略的重要措施。图书馆需要不断完善服务的规范条款，加强馆员业务培训，特别是针对馆内数字资源服务项目的推广和利用，帮助读者提高利用图书馆资源的能力，反过来也能促进图书馆读者教育和参考咨询服务水平的提高，同时能够提高馆员的服务意识和服务技能。

（四）加大宣传力度

宣传推广是推行新服务方式必不可少的途径之一。"受托"服务方式是具有个性化与针对性的服务方式，运行时间并不长，很多读者不了解该如何使用，甚至对新服务从示听过，所以加大对新服务方式的宣传是必要的。萧山图书馆的网上委托借书服务就受到多家媒体关注，不只多家报刊对此项服务进行了介绍，《萧山日报》还进行了跟踪报道；不但对新的图书馆服务进行了评论，还对该馆细致贴心的服务称赞有加。读者热情的反馈与肯定的态度，对此项服务起到了良好的宣传作用。同时，馆内还设立了宣传窗便于读者了解最近动态，点菜板方便收集读者的需求。内外宣传紧密结合，既推广了新的服务，又形成了对该服务的社会监督机制。

第六章　公共图书馆数字文化服务绩效评价研究

第一节　公共图书馆数字文化服务绩效评价的本质

作为数字文化服务的实践者，公共图书馆为完善公共文化服务体系做出了重要贡献。张喜萍等认为对公共文化服务进行绩效评价是提高整个文化服务效能的重要环节，进行绩效评价必须建立相应的绩效评价体系，让公众明确数字文化服务的目标、功能、表现形式等，验证其服务的效能和价值，从而为决策者提供服务优化和调整的方向和手段[1]。将公共图书馆作为数字文化服务绩效评价的主体，需要从公共图书馆开展数字文化服务的方方面面进行绩效评价，但是目前公共图书馆数字文化服务的绩效评价工作还处于萌芽阶段，数字文化服务绩效评价的政策、目的、主体等内容，以及数字文化服务的指标构建、模型构建、实证分析等过程都未能得到完善。

对公共图书馆数字文化服务进行绩效评价，其本质主要体现在实现公共图书馆数字文化服务绩效的优化。一是在掌握公共图书馆数字文化服务相关内容的基础上，全面地分析其影响因素，会发现公共图书馆数字文化服务存在的具体问题，需要依据绩效评价的思想和原则，选择合理的评价指标、方法和模型对存在的服务问题进行深入分析，并有针对性地构建科学有效的公共图书馆数字文化服务绩效评价体系，适时开展公共图书馆数字文化服务绩效评价工作；二是针对公共图书馆数字文化服务绩效评价的结果，需要基于投入产

[1] 张喜萍，陈坚良.论公共文化服务的绩效评估 [J].湖南商学院学报，2013，20（01）：37-41.

出角度，科学地分析公共图书馆数字文化服务绩效水平，然后有重点地、有针对性地做出投入产出情况的及时调整，提高公共图书馆数字文化服务绩效水平。

第二节　公共图书馆数字文化服务绩效评价的机遇与挑战

一、公共图书馆数字文化服务绩效评价的机遇

目前，图书馆朝着数字化的方向迈进，为满足公众的文化服务需求创造了巨大的社会效益。我国各级图书馆逐渐重视数字文化服务和建设，通过制定相关政策来支持和发展图书馆数字文化服务与建设。

而公共图书馆发挥其公益性职能，积极参与到公共数字文化服务体系建设当中，总的来说做了以下工作：一是为了方便公众获取数字文化资源，建设了公共数字文化资源共享工程；二是为了全面优化公共图书馆的管理，制定了系统建设省级图书馆的标准；三是为了融合多种文化资源，打造了辐射全省市的数字文化中心；四是为了进一步推进公共图书馆数字文化服务，大多数公共图书馆构建了信息管理系统，完成虚拟专用网络（Virtual Private Network，缩写为VPN）网络建设；五是为了壮大数字文化服务人才队伍，大多数公共图书馆举办了专题讲座和培训活动等。

以国家图书馆来说，它是开展数字文化服务最主要的发展平台。它是中国最大的数字图书馆，拥有非常丰富的馆藏资源，拥有比较健全的服务体系，它的社会教育和文化传播作用能够为公共图书馆发展数字文化服务提供基础和示范作用。中国国家图书馆成为各省、市、县级公共图书馆的数字资源库。数字图书馆推广工程在2016年开展了"网络书香基层图书馆帮扶计划"，对公共图书馆开展数字文化活动起到了非常大的推动作用。

二、公共图书馆数字文化服务绩效评价的挑战

我国公共图书馆数字文化服务仍然存在诸多问题，并不能完全满足公众的文化需求，这就需要进一步完善和建设我国公共图书馆数字文化服务。其存在的问题主要体现在以下几方面：

一是区域发展和资源分配不平衡。在经济较发达的东部地区、南部地区以及中部地区，大多数公共图书馆的发展建设得到大量的资金和技术扶持，其数字文化服务和建设程度相对较好，而经济较落后的西部地区、北部地区，部分公共图书馆发展比较缓慢，对其各项数字文化服务的资源分配不平衡。

二是数字文化资源的共享和整合不足。公共图书馆数字文化服务与公众需求缺乏有效对接，且与其他文化机构缺乏联动，导致公共图书馆数字文化资源未能得到有效整合，未能更好地实现数字文化资源的共享。

三是数字文化服务网络尚不完善。现代信息技术越来越多地运用到图书馆服务与建设中，但由于资金的短缺，网络技术投入方面仍存在不足，同时数字文化工程间尚未实现互联互通，造成公共图书馆数字文化服务于建设的活力不足。

四是数字文化服务考核机制不完善，许多公共图书馆并未完善考核评估机制，未能及时考察到公共图书馆数字文化服务、建设与管理状况。

总的来说，公共图书馆数字文化服务呈现良好的发展趋势，在持续发展的过程中，面临的诸多问题都亟待解决。因此，分析公共图书馆数字文化服务绩效的影响因素，来构建其评价指标体系，从而对公共图书馆数字文化服务绩效进行模型评价，有助于进一步推动公共图书馆数字文化服务。

第三节　公共图书馆数字文化服务绩效的提升策略

一、整合与优化公共图书馆的数字文化资源配置

信息技术的迅猛发展极大地推动了数字文化服务和数字文化建设，但是我国公共图书馆数字文化服务面临着投入产出不均衡的问题，我们需要及时调整资源的分配，从而达到以最小投入得到最大产出的目的。对公共数字文化资源进行整合、分配，对外有助于各文化机构间实现文化资源共享，对内有助于规避文化机构数字资源重复建设和浪费的问题。从目前的分析结果来看，公共图书馆数字文化服务绩效得到提升的必要方式，首先是各个公共图书馆对数字文化资源进行合理的整合和分配，减少资源的浪费，节约服务的经费成

本；其次是各个公共图书馆之间，或者与其他文化机构之间，建立紧密的数字文化资源联系，实现数字文化资源的联合，解决各地区的公共图书馆之间资源重复建设和地区发展不均衡的问题；最后是学习其他类型图书馆或者文化机构的先进管理经验，不断总结学习，加深先进经验的交流，不仅能提升公共图书馆内工作人员的专业知识、技能水平，还能激发工作人员积极参与到数字文化服务中的热情，从而使得数字文化资源配置优化可以有效地进行。这些举措能够科学合理地提高公共图书馆数字文化资源的利用率，推动各个公共图书馆数字文化服务效率得到整体的改善。

二、使公共图书馆的技术规模与投入力度相匹配

我国公共图书馆开展数字文化服务的过程中，其服务技术效率普遍较低，且产生了严重的投入剩余。为了提高公共图书馆数字文化服务绩效，需要协调公共图书馆的技术规模和投入力度。在技术规模方面，顺应数字化时代，加强多种数字技术的应用，例如：人工智能技术（Artificial Intelligence，缩写为AI）、物联网技术、虚拟现实技术（Virtual Reality，缩写为VR）技术、数字孪生技术等，在确保经济成本的前提下，加大公共图书馆的数字技术规模。对于公共图书馆而言，建立相应的技术标准也是协调技术规模的必由之路，例如：从资源选择标准、数字化标准、元数据标准以及软硬件标准等方面建立公共图书馆统一的服务规范和技术标准，以公共图书馆内相关技术要求为标准、以工程软件系统为平台进行数字文化服务和体系化服务。基于现有产出，公共图书馆数字文化服务出现资源冗余，更多的投入未能带来相应的产出。针对投入剩余情况，公共图书馆应该控制投入力度，对公共图书馆内的服务资源、服务经费、服务设备、服务人员等方面的资源重新调整和分配，避免人力、物力、财力等资源的重复建设，加快公共图书馆内服务内容和服务资源的互联互通，实现公共图书馆整体的数字文化资源的调度规划，来推进公共图书馆技术、资金和人力等诸多资源的利用率。在合理控制公共图书馆数字文化资源投入力度的同时，也要针对少数经济不发达、资源不足的公共图书馆加大相应的资源投入，尤其是对技术规模的扩大。总之，需要将成本控制在安全范围之内，使公共图书馆数字文化服务的技术规模与投入力度相匹配。

三、健全公共图书馆数字文化服务管理机制

公共数字文化服务要实现高质有效，关键在于建立长效的管理机制。作为参与公共数字文化服务的主体之一的公共图书馆，首当其冲的是应该建设公共图书馆数字文化服务的资源、制度、平台等管理制度，将数字文化服务提到公共图书馆的统筹规划层面。其最主要的方式是建立一套公共图书馆数字文化服务的统一管理机制，首先，公共图书馆数字文化服务需要从全局出发进行整体设计，这是因为公共数字文化服务的建设过程需要若干主体与部门的共同努力；其次，可以从管理制度上梳理公共图书馆数字文化服务体系建设的各个环节，以制度巩固建设结果，优化公共图书馆的数字文化服务，推进其数字文化服务机制的科学运行；最后，要加强检查和监督工作，建立考核机制，突出公共图书馆数字文化服务的实际效果。同时在公共图书馆数字文化服务绩效评价过程中，文化人才是关键，队伍建设是保障。目前，我国公共图书馆实际情况是专业技术人才比较匮乏，为了给公众提供高水平的数字文化服务，公共图书馆对从业人员提出了更高的要求。人才管理制度建设显得尤为重要。建立完善的人才培养机制，创新人才的激励机制和人才选拔的任用机制，主要从五方面展开：1.注重工作人员培训活动的开展，为公众提供准确、全面的数字文化服务；2.注重培训方法，使参与人员能够接受；3.注重工作实践的培养，对工作计划进行详细全面的总结；4.注重引进人才的竞争机制；5.发展文化志愿者，增加对公共图书馆数字文化服务人才队伍的有益补充。总的来说，建立相应的管理机制最主要的是针对部分公共图书馆存在数字文化服务产出不足的现象，解决投入资源的产出成果转化率较低的问题，加快公共图书馆数字文化服务效率的提升。

四、增强公共图书馆数字文化服务共享与合作

为了顺应数字时代，公共图书馆都在大力发展数字文化，并积极参与到公共图书馆数字文化服务体系建设当中。实践表明，从投入产出要素角度需要考量公共图书馆的资源均衡分配，节省经费，且避免资源重复建设等，这就需要加强公共图书馆数字文化服务的共享与合作。一方面加强公共图书馆内部的数字文化资源整合和共享，共建一个大型的数字资源库，从而能够对数字资源进行统筹安排和合理配置；另一方面加强各个图书馆之间的

交流与合作，形成关于数字文化服务的馆际联盟，可以互相学习和借鉴最佳投入产出要素组合的成功经验，也可以在发现不足之处后对数字文化服务要素加以调整和优化，有效推动公共图书馆的业务升级和发展模式的转变。除此之外公共图书馆还要加强与其他文化机构的数字文化服务协调与合作，共享与合作主要包括三方面的内容：1.注重公共图书馆数字化方式的运用；2.注重与其他地区、其他行业、其他类型的数字文化服务机构联结；3.注重对各个文化机构的投入产出要素进行资源共享，取长补短。通过这些举措可以提升公共图书馆数字文化服务绩效，推进我国公共图书馆数字文化服务事业整体上更上一层楼。

参考文献

[1] 戴慧. 培育数字文化产业新型业态策略探讨 [J]. 中国报业, 2022 (06)：48-49.

[2] 齐光宇, 李一浏. 公共图书馆数字文化推广策略——以抖音平台为例 [J]. 河南图书馆学刊, 2022, 42 (03)：32-34.

[3] 陈明. 基于公共数字文化的图书馆发展问题和对策探析 [J]. 江苏科技信息, 2022, 39 (06)：78-80.

[4] 周沛. 公共图书馆管理现状、问题及对策研究 [J]. 产业与科技论坛, 2022, 21 (04)：277-278.

[5] 张伟, 吴晶琦. 数字文化产业新业态及发展趋势 [J]. 深圳大学学报 (人文社会科学版), 2022, 39 (01)：60-68.

[6] 黄巧婧. 公共数字文化建设中图书馆创新服务探讨 [J]. 科技资讯, 2021, 19 (25)：155-156+159.

[7] 沈丹. 公共图书馆管理与服务创新路径探索 [J]. 产业与科技论坛, 2021, 20 (16)：279-280.

[8] 杨孙超. 图书馆数字阅读与数字文化产业融合路径探讨 [J]. 数字通信世界, 2021(04): 261-262+282.

[9] 张秀锋. 强化公共图书馆管理助力全民阅读 [J]. 商业文化, 2021 (04)：68-69.

[10] 张丽. 图书馆数字阅读与数字文化产业融合路径研究 [J]. 图书馆学刊, 2020, 42(07): 76-80.

[11] 杨伟. 基于人本理念下公共图书馆管理模式路径探索 [J]. 才智, 2020 (12)：244.

[12] 毛薇. 微媒体时代公共图书馆数字文化推广服务探究 [J]. 传媒论坛, 2020, 3 (01)：

97+99.

[13] 高楠.数字文化建设中图书馆创新探讨 [J].南方农机,2019,50（24）：274-275.

[14] 贾江虹.现代化公共图书馆发展管理的智能化路径探讨 [J].传媒论坛,2019,2(21)：140+142.

[15] 张中兴.公共图书馆人力资源管理中的职业倦怠问题分析 [J].产业与科技论坛,2019,18（21）：246-247.

[16] 王亚静.公共图书馆管理及服务的现状与发展 [J].传播力研究,2019,3（08）：255.

[17] 黄鑫.公共图书馆总分馆制管理模式研究 [J].传播力研究,2019,3（05）：252-253.

[18] 陈燕.公共图书馆财务管理工作难点与对策研究 [J].会计师,2018（23）：36-37.

[19] 刘小杰.公共图书馆数字文化建设中新技术应用思考 [J].曲靖师范学院学报,2018,37（06）：125-128.

[20] 朱翠柳.公共图书馆管理如何创新管理模式的思考 [J].价值工程,2018,37（29）：47-48.

[21] 郭勇霞.关于公共图书馆管理创新的探讨 [J].传媒论坛,2018,1（11）：132-133.

[22] 孔祥武.读者参与公共图书馆管理的新思考 [J].科技风,2018（14）：242.

[23] 黄尤精.创新公共图书馆管理技术提升社会服务能力研究 [J].河南图书馆学刊,2018,38（04）：24-25.

[24] 贾朕超.公共图书馆知识管理及知识服务研究 [J].办公室业务,2017(21)：161.

[25] 何芳.公共图书馆人力资源管理与创新的路径研究 [J].办公室业务,2016(21)：164.

[26] 矫健.公共图书馆管理模式探究 [J].才智,2016（32）：276.

[27] 郑淑瑜.关于公共图书馆管理的新理念探究 [J].企业改革与管理,2016（11）：197+196.

[28] 徐春英.论公共图书馆管理模式的创新 [J].办公室业务,2016（09）：182.

[29] 张宝丽．试论公共图书馆危机管理 [J].经济研究导刊，2015（19）：296-297.

[30] 周孟秋．现代公共图书馆人力资源管理模块分析 [J].农业图书情报学刊，2014，26（11）：209-212.

[31] 黄玉兰．公共图书馆危机管理应对策略研究 [J].兰台世界，2014（02）：96-97.

[32] 高利珍．加强公共图书馆危机管理的对策 [J].才智，2013（17）：249.

[33] 张喜萍，陈坚良．论公共文化服务的绩效评估 [J].湖南商学院学报，2013，20（01）：37-41.

[34] 香耀明．关于公共图书馆管理的新理念探究 [J].现代交际，2012（06）：122.

[35] 黄丹．公共图书馆人力资源管理创新途径 [J].合作经济与科技，2012（06）：36-38.